동대문 클래스

EV INC

동대문 매장에서 글로벌 패션 기업으로 성장하는
이브이아이엔씨 이야기

동대문
클래스

곽창훈 지음

"제품을 사야 하는 이유를 만들라"

헤세의서재

CONTENTS

추천사

정말 궁금했어요!

곽창훈 대표님의 추진력, 그 에너지는 어디에서 나오는지.

많은 우여곡절을 겪었고, 현재는 그 경험이 엔진이 되어 도전하게

만들고 성공하게 만든다는 것을 이제야 알게 되었네요.

우리 곽대표님! 한국 최고의 가방 장인이 되어주세요!

항상 응원합니다.

- 홍재희 제이케이디자인랩·하이서울쇼룸 대표

곽창훈 대표는 새로운 도전에 진심이고 주저함이 없다. 동대문 도
매에서 시작해 글로벌 이커머스까지, 진정성 있는 브랜딩으로 소

비자들과 공감대를 만들고 있다. 요즘처럼 국경이 사라진 무한가능성 시대는 때론 무모하지만, 진취적인 그의 도전이 성공스토리를 만들고 선한 영향력까지 발휘하고 있다.

– 정인기 디토앤디토 발행인

저는 곽창훈 대표의 열정과 긍정적인 사고를 존경합니다.

"어떠한 일이든 안되는 것은 없다. 시도해 보고 안 될 때는 다른 방법을 찾아 결과를 만들어 낸다"라는 열린 마음이 회사를 경영하며 겪었을 수많은 난관을 극복하며 지금의 성공을 이루어 냈다고 믿고 있습니다.

또한 이러한 긍정적이고 열린 사고가 주변의 모든 사람에게 밝은 에너지가 되어 영향을 미치고 있고, 주변에 사람들이 모이고, 또 그들과 행복한 관계를 구축하고 있습니다.

지금처럼 남보다 먼저 그리고 열정적으로 사고하고 행동하는 그에게 시행착오는 있지만 그것을 통해 발전하는 곽창훈 대표의 캐릭터가 영원하길 바라며, 그의 미래가 행복하고 즐겁기를 진심으로 바랍니다.

– 형이자 친구 이석기 히어로랩(Herolab) C.O.O

철저하게 바닥부터 시작하여 14년간의 경험, 노하우를 느낄 수 있었습니다.

국내에서 이 정도의 가방 브랜드가 있을까요?

곽창훈 대표만의 철학, 브랜딩뿐만 아니라 실전 노하우까지 아주 디테일한 내용까지 모든 것을 담은 책이었습니다.

왜 성공할 수밖에 없는지 알겠네요,

앞으로의 '앨리스마샤'가 더욱 기대됩니다.

– 최재원 바이앱스 대표

곽창훈 대표님의 성공 스토리와 철학을 이 책에서 만나보세요. 그의 유연하면서도 철두철미한 모습은 많은 이들에게 큰 영감을 줄 것입니다. 곽창훈 대표님의 추진력과 에너지가 어디에서 나오는지, 그리고 그가 겪은 수많은 도전이 어떻게 현재의 성공을 이루게 했는지를 알 수 있습니다.

이 책은 패션 스타트업을 운영하는 모든 이들에게 큰 영감을 줄 것입니다. 또한 10년 넘게 패션 경영을 하고 있는 저에게도 다시 한번 본질을 되뇌이게 하였습니다. 곽창훈 대표님의 일상과 경험, 그리고 그의 깊은 통찰력을 친근한 글귀로 풀어내어 독자들에게 진정성 있는 메시지를 전달합니다. 언제나 도전하고, 즐기며, 간절함을 유지하는 것이 얼마나 중요한지를 다시 한 번 깨닫게 됩니다.

이 책을 통해 곽창훈 대표님의 진면목을 확인하고, 그의 성공 비결을 함께 배워보세요.

– 이준복 리이(RE RHEE) 대표

이만한 사람이 없습니다. 그래서 지금 이 책에서 이 사람은 당당하게 자기 이야기와 꿈을 희망한다고 말했고 그 이야기를 꿈꾸고 희망했기에 이뤄간다고 합니다. 이만한 사람이 없습니다. 적어도 동대문에서는요. 이보다 더한 사람이 많을 수 있지만 제가 알기엔 이만한 사람은 없습니다.

– 홍영석 패션비즈 기자

글로벌 패션 명품 브랜드의 꿈을 품고, 오늘도 묵묵히 달려 간다

감격스럽게도 2017년에 이어 올해(2024년)에 또다시 '홍콩 APLF 패션 액세스'에서 'BOAA(Best of APLF Awards)'를 수상했습니다. 한 번도 수상하기 힘든 BOAA를 두 번이나 수상한 것은 우리나라 최초입니다. 이번 전시회는 아시아 · 태평양 최대 잡화 전시 규모를 자랑하는 '아시아태평양피혁전시회(APLF)'로 42개국 741개의 업체가 참가했으며, 가죽제품 분야에서 최고의 권위를 자랑합니다. 이곳에서 이브이아이앤씨의 가죽 가방이 연이어 최고 상품력을 인정받았습니다.

올해 '홍콩 APLF 패션 액세스'는 2017년과는 무척이나 달랐습니다. 과거에는 1등의 영예만 얻었을 뿐 수출길이 열리지 않아서 무척이나 곤혹스러웠습니다. 그런데 올해는 1등을 수상하자 여러 나라의 바이어들이 관심을 갖고 문의를 주었고 1만여 개의 가방을 수출하는 쾌거를 이루어냈습니다.

이번에 대상(BOAA)에 수상된 가죽 가방 블랙라인은 '두칸 (DOUCAN)' 브랜드를 운영중인 최충훈 대표와 이브이아이엔씨의 컬래버레이션으로 유니크한 디자인과 높은 퀄리티를 자랑하고 있습니다. 이제 이브이아이앤씨의 가방은 글로벌 명품의 반열에 한발 한발 다가서고 있는 느낌이 강하게 들고 있는 게 사실입니다.

14년 전 만해도 나는 동대문 지하상가의 작은 매장을 지키는 자영업자에 불과했습니다. 그렇지만 최고의 가방을 만들어보자는 일념으로 최선을 다한 결과, 기회가 이어졌습니다. 동대문 최초로 마 원단으로 가방을 만들어 대박을 터뜨렸고 이를 기반으로 2014년에 앨리스마샤 브랜드를 론칭하여 전국적으로 150개의 매장을 열 정도로 크게 성공했습니다.

이후, 코로나가 창궐할 때 전국 오프라인 매장을 철수하여 지금은 온라인 판매에 주력하고 있습니다. 올해, 온라인 중심의 판매만으로도 년 70억 원의 매출을 달성했습니다. 현재 이브이아이앤씨는 4개 부서 26명의 직원으로 구성된 회사로 성장했습니다.

앨리스마샤를 론칭한 지 10년이 되었습니다. 이 브랜드를 론칭하면서 나는 비로소 패션 사업가의 길을 걸어가게 되었고, 숱한 위기와 역경 속에서도 굴하지 않고 앞으로 전진해왔습니다. 이제 외국의 대기업에서 수입을 문의해오는 브랜드가 되었습니다.

'동대문' 출신이 어떻게 이런 대단한 일을 이루어낼 수 있었을까요? 나에게는 15살에 군고구마 장사를 할 때부터 발휘한 '장사꾼 DNA'가 있었습니다. 민첩하게 상황을 파악하고 주어진 조건과 환경을 십분 발휘하는 임기응변 능력이 있었습니다. 그래서 군고구마 장사를 할 때, 고객에게 군고구마를 배달하는 특별한 서비스를 생각했습니다. 군고구마가 익을 때까지 고객이 기다릴 필요가 없어졌고, 이를 통해 많은 판매고를 올렸습니다.

이는 가방 사업을 할 때도 이어졌고, 나는 어떤 제품이 잘 팔릴지를 파악하는 능력이 탁월했습니다. 그래서 어떤 가방을 내놓더라도 이미 판매대책이 다 세워졌기에 재고 걱정을 하는 일이 없었습니다. 그리고 꾸준히 고객이 원하는 제품을 만들어냈기에 출시되는 족족 완판이 될 정도였습니다. 나는 고객에게 어떤 제품이든 판매할 능력을 갖추고 있었습니다. 이런 내가 거의 매일같이 샘플을 만들다 보니 우리나라에서 가방 디자인을 제일 많이 하게 되었습니다.

이브이아이앤씨는 가방뿐만 아니라 의류까지 영역을 확대하고 있습니다. 향후 이브이아이앤씨는 토털 패션 브랜드로서 자리매김을 할 것입니다. 이브이아이앤씨는 한국을 넘어서 글로벌 명품 브랜드로 한발 한발 나아가고 있습니다.

갈수록 온라인 쇼핑몰 운영자에게 불리한 환경이 조성되고 있습니다. 알리익스프레스, 테무를 통해서, 혹은 태국이나 중국과의 B2C를 통해서 저렴한 제품들이 국내 소비자들에게 팔리고 있습니다. 따라서 동대문에서 제품을 사입한 온라인 쇼핑몰들은 가격 경쟁에서 뒤지기 때문에 살아남기 힘들어졌습니다.

이제 대책은 딱 하나입니다. 남다른 '브랜딩'이 그것입니다. 차별화된 나만의 브랜딩을 통해 새 활로를 찾아가야 합니다.

이 책은 곽창훈이라는 가방 사업가의 성공 스토리를 담는 것과 함께 패션 사업가로서 숙지해야 할 경영 노하우, 사업가 마인드와 자질, 브랜딩 방법, 쇼핑몰 성공비법, 온라인 마케팅 비법, 운을 끌어당기는 습관을 소개하고 있습니다. 이 책을 읽고 자신의 것으로 소화를 한다면, 어떤 분야의 사업과 쇼핑몰을 하더라도 자신감이 들 것입니다. 부디, 이 책이 사업을 하는 분들에게 비전을 제시하고 앞으로 이끌어주는 나침반 역할을 해주길 바랍니다.

곽창훈

PART 1

100억 매출,
글로벌 패션기업으로

EV INC

감격스러운
10주년 기념 컨퍼런스

"2010년에 내가 사업자등록증을 낸 것이 엊그제 같은데 어느새 14년이 지났네요. 동대문에서 도매업을 하다가 2014년에 앨리스마샤(Alicemartha) 브랜드를 론칭했습니다. 우리 회사의 주력 상품인 앨리스마샤가 10년이 되었습니다. 그동안 회사 규모가 커짐에 따라 조직이 체계적으로 세팅이 되었고 … 작년의 성과를 정리하고 올해의 목표를 발표하는 자리를 마련하게 되었습니다. 지난 2023년에 연 매출 70억의 회사를 만들어오는 동안 많은 우여곡절이 있었습니다. … 올해 2024년에는 심기일전하여 100억 매출 목표를 달성해냅시다."

'EV Inc 2024 사업계획 컨퍼런스'의 발표가 모두 끝나자 나의 마무리 발언이 이어졌다. 이날, 이브아이앤씨(EV Inc)의 부서별 2023년 결산 보고와 함께 2024년 비전 발표를 했다. 그 발표를 보고 있으니까 뭉클한 느낌이 강하게 들었다. 지금의 이브아이앤씨가 탄생하기까지의 세월이 파노라마처럼 스쳐 지나갔다. 예전에 나는 동대문에서 매장을 하면서 손님들이 오기를 애타게 기다렸던 시절도 있었고, 또 장사가 안되면 손님을 찾아 헤매면서 영업하던 시절도 있었다. 그 시절이 지난 지금은 국내외 유명 기업체에서 나를 알아봐서 찾아와주고 있다.

'먼저 국내외 대기업에서 연락이 오는 회사가 만들어졌다니 너무나 감회가 새롭구나.'

올해 앨리스마샤 브랜드 10주년이 되어서 발표회 자리를 마련해보고자 했다. 큰 회의실을 찾다가 우연히 예전에 패션쇼를 했던 서울 DDP 5층의 창작 스튜디오라는 공간을 무료로 대관할 수 있었다. 넓고 멋진 공간인데 우리 회사 직원들만 있으면 다 채울 수 없어서 외부 인사를 초청하기로 했다. 이로써 격식을 갖춘 공개 컨퍼런스 자리가 만들어졌다. 이름하여 'EV Inc 2024 사업계획 컨퍼런스'였다. 순서대로 발표가 이어졌다.

IT 사업부 웹 파트의 발표는 S-oil 앱 론칭과 삼성전자의 각종 사업부 캠페인을 진행한 이력이 있는 13년 경력의 최** 실장님이 나섰다. 이브이아이엔씨의 이미지를 총 관리를 하면서 매년 바뀌는 트렌드와 확고한 브랜드성을 보여주기 위해 노력하는 것과 함께 2024년 브랜드 리뉴얼과 디자인 목표에 대해 설명해 주었다.

영업&마케팅 파트에서는 앨리스마샤(Alicemartha), 누니27(Nooni 27), 토에벵((Toar e ven), 라임라이크(Limelike) 브랜드를 다뤘으며, 초창기부터 현재까지 앨리스마샤에서 온라인 세일즈 팀장을 역임해 온 9년차 영업&마케팅 경력의 김** 실장님이 발표했다.

"앨리스마샤는 이번 해를 맞이하여 10주년 롱런하는 브랜드로서, 이를 유지하기 위해 트렌드 파악과 다양한 마케팅 노출이 제일 큰 힘이 되었습니다. 이와 마찬가지로 신생 브랜드인 토에벵, 누니27은 앞으로 꾸준한 노출과 확고한 브랜드 이미지를 강점으로 여러 플랫폼에서 활동할 예정입니다."

이어진 라임라이크 차례에서는 각종 패션 디자인 공모전 입상 이력이 있는 16년차 송** 실장님의 발표로 진행되었다. 여성 의류 및 잡화를 다루는 종합 패션 브랜드의 모습이 공개되었다.

"라임라이크는 인스타와 공식몰 홈페이지에 주기적으로 콘텐츠를 올려 브랜드에 힘을 주면서 고객들과 소통을 중요시해 나갈 것입니다."

해외 영업 파트의 발표는 11년차 해외 벤더사업 경험과 유럽 패션 해외 영업 경력이 있는 이** 차장님이 진행했다. 이 뒤를 이어 APM 플레이스를 관리하고 있는 동대문 파트까지 발표가 진행되었다.

제조 사업부 팀의 발표에서는 이브이아이엔씨의 가장 큰 포부를 보여주었다. 만다리나덕, DKNY, CK 등 다년간 해외 브랜드의 디자이너 경험이 있는 윤** 실장님은 디자인팀의 비주얼이 지향하는 정확한 방향성을 소개해주었다. 이와 더불어 동대문에서 매장 운영할 때부터 브랜드에서 외주 건까지 15년간 총괄을 해온 임** 본부장님 그리고 30년 이상 생산 경력의 김** 부장님의 발표가 이어졌다. 특히 임 본부장님과 김 부장님의 자세한 설명으로 자체 브랜드의 생산량부터 B2B-OEM의 대량 생산 과정을 이해할 수 있었다. 김 부장님이 말했다.

"두 가지가 우리 제조 사업부의 강점입니다. 하나는 새벽 원부자재 시장과 공장을 이어주는 이브이아이엔씨의 개별 배송 시스템으로 업무 시간을 단축시키고 효율성을 증대해주고 있습니다. 다른 하나는 자체 샘플실의 보유인데 이를 통해 많은 디자인을 출시할 수 있어서 생산 공정이 매우 효율적입니다."

마지막으로 관리부 경영 파트의 발표가 이어졌다. 생산 자재 관리 파트의 김＊＊ 실장님은 물류센터 관리와 전산 관리, 원부자재 확보 및 보관에서 대량 이동건이 있더라도 누락이 되지 않게끔 내부 전산 보수가 큰 몫을 했다고 설명했다. 이 전산 보수는 회계팀까지 연결되어 효율적인 업무 처리가 이어짐으로써 내부 관리의 큰 성과를 보였다고 말했다.

이번 'EV Inc 2024 사업계획 컨퍼런스'를 통해 얻은 것이 많다. 회사의 각 부서가 소통이 되어 연결될 수 있는 계기가 되었고 또 각 부서의 파트 책임자들의 단합을 이끌어낼 수 있었다. 사실, 회사 규모가 커지다 보니 조직 간의 융합 소통이 굉장히 힘들었다. 각 팀의 실장님들은 각자의 일은 잘하는데, 자꾸 개별 팀으로 일하려고 해서 모든 팀이 하나로 연결되어 시너지 효과를 내는 것이 어려웠다. 그래서 각 팀이 무슨 일을 하는지 다른 팀들에게 전달하고 소통하는 자리를 마련하기로 했다. 실제로 컨퍼런스가 끝나자, 실장님들이 서로 소통을 많이 하고 회사 전체적인 관점에서 업무를 긴밀히 협조하고자 노력하는 것이 엿보였다.

이와 더불어 2024년 100억 매출 목표를 공개적으로 발표함으로써 더더욱 목표 달성에 대한 책임감을 갖게 되었다. 컨퍼런스를 통해 100억 매출 목표는 회사 대표만의 목표가 아니라, 온전히 회사의 구성원이 자발적으로 달성해야 하는 목표로 내면화되었다. 100억 매출 목표는 그날 참석한 외부 인사와의 약속이자, 나와의 약속이며, 이브이아이엔씨 구성원 모두의 약속이 되었다.

일본 대기업에서 보내온
애절한 러브콜

"일본의 큰 패션기업체에서 당신네 브랜드를 수입하고 싶다고
합니다."

한 디자이너분이 연락을 해왔다. 나와 성이 같은 그분은 이름만
알고 있는 사이였는데 놀라운 소식을 전해주었다.

"아**** 잘 알죠? 그곳에서 수입 의사가 있다고 전해달라고 합
니다."

아****는 일본의 패션기업 분야 재계 3위로 년 3조 이상의 매
출을 올리는 대기업이었다. 그곳에서 이브이아이엔씨(앨리스마샤)를
기억하는 것도 믿기 힘들었는데, 더욱이 그곳에서 먼저 러브콜을
보내온 것이다.

일본 대기업이 그 디자이너를 통해 러브콜을 전해온 과정은 이랬다. 그 일본 대기업에 액세서리를 납품하는 한국 액세서리 회사가 있었는데, 일본 대기업 본사에서 한국 액세서리 회사의 바이어 에이전시 사무실에 이브이아이엔씨(앨리스마샤) 대표인 나를 아는 사람을 수소문하면서 나를 연결해주라고 요청을 했다. 그러자 한국의 액세서리 회사 대표가 나섰다. 그 회사 대표는 유명한 곽** 디자이너를 알고 있었다. 액세서리 회사 대표가 그 디자이너에게 이브이아이엔씨(앨리스마샤) 대표인 나를 아느냐고 물었더니, 그가 안다고 대답을 했다. 사실 그는 내 이름만 알고 있었다. 그런데 그 디자이너가 자신이 직접 일본 회사의 러브콜을 나에게 전달해주겠다고 자처했다.

이를 계기로 해서 나는 'EV Inc 2024 사업계획 컨퍼런스'가 끝나자마자, 일본의 대기업체에 수출을 위해 일본행 비행기에 몸을 실었다.

일본 출장을 가면서 내내 궁금증이 가시지 않았다. 일본에도 쟁쟁한 글로벌 패션기업이 적지 않은데 어째서 한국 가방을 수입하려는 걸까? 머지않아 이 의문이 쉽게 풀렸다. 일본의 가방이 10년 전 한국을 보는 느낌을 받았기 때문이다. 옷은 요즘의 스타일과 비숫한 느낌이 있었는데 가방은 정말로 10년 전의 가방과 다름없었다. 여러 매장을 발품 팔아 찾아가서 하나하나 제품을 들고 살펴봤다. 대부분 값싼 중국 제품들이 브랜드라고 깔려 있었는데 그마저도 옛날에 유행했던 디자인이거나 아니면 10년 전에 내가 동대문에서 판매하던 디자인으로 브랜드의 주문자상표부착생산(OEM) 오더를 받은 제품들만 진열되어 있었다.

일본의 패션 시장에서 유독 가방이 이러했다. 따라서 일본 유수의 패션기업체로서는 단지 우리 브랜드 제품을 구입해서 판매하는 것에 그치지 않고, 자신이 직접 일본 판매권 라이센스를 갖고 독점적으로 판매를 하고자 원했다. 이러한 이유로 그 일본 대기업이 우리 회사에 러브콜을 보내온 것이다.

우리 회사의 대표적인 브랜드로 앨리스마샤, 누니27, 토에벵, 라임라이크가 있다. 이 4개의 브랜드가 각기 차별성을 갖고 탁월한 디자인을 선보이고 있다. 때문에 일본 기업체에서는 라이센스를 갖고 싶어했다. 일본에 머물면서 시장 조사를 2~3일 정도 하고 오니까 확신이 들기 시작했다.

'일본 패션기업체는 소비자에게 선보일 만한 가방 브랜드가 없어서 우리 회사 브랜드가 필요하구나. 그래서 우리한테 애절하게 콜을 보내오고 있구나. 그렇다면 이 시장은 지금 진출하면 반드시

성공할 수 있겠다.'

    현재, 그 일본 대기업과의 굵직한 비즈니스 건이 착착 진행 중이다. 내가 일본으로 출장하는 날에도 년 매출 1조 몇천 억대의 일본 기업체가 우리 회사 해외팀 실장님한테 연락을 했었다. 우리 회사 제품을 160피스, 그러니까 금액으로 치면 한 개당 3만 원씩 잡아도 500만원 정도의 샘플을 구입하고 싶다고 요청해왔다. 샘플 비용이 이 정도면 상당히 호의적인 반응이다.

    얼마 전에는 태국에 오프라인 팝업 백화점에서 우리 제품 판매를 시작했다. 그곳에서 우리 회사 9개의 브랜드가 팝업스토어를 열었는데 우리 브랜드가 1~2위를 했다. 9개 브랜드 중에 우리 브랜드 2개를 출자시켰는데 각각 1등, 2등을 했으며 이를 통해 B2B 비즈니스와 연결되었다. 현재, 매장 확정 계약서를 작성한 것은 우리 브랜드밖에 없다. 조만간 태국에 12개 정도 매장을 오픈할 계획을 갖고 있다. 이와 더불어 다음 달에 나는 중국, 홍콩에 해외 판로 개척을 위해 출장 예약이 잡혀있다.

    우리 회사 제품이 해외 수출이 잘 되고 있는 것은 결코 우연이 아니다. 코로나가 터지기 전에 국내에 오프라인 매장 150개 정도를 운영한 적이 있었는데 그때부터 매달 한번씩 해외 전시회를 다니면서 해외 수출에 많은 공을 들였다. 이 과정에서 2017년에 글로벌 패션 잡화 전문 전시회 '홍콩 APLF(아시아태평양피혁전시회) 패션 엑세스(FASHION ACCESS)'에서 대상(Best of APLF Awards)을 수상하는 쾌거를 이루어냈다. 이 대회는 전 세계 217개국에서 510여 개 업체가 참가한 실로 글로벌 잡화 패션 전시회였다. 대상을 받자 CNN에도 나오고 코리아헤럴드에도 전송이 되기도 했다. 당시 기분으로는 큰 상을 받았으니까 당장 전 세계 판로가 열릴 줄로만 알았다. 전 세계에서 모인 바이어들이 우리 제품을 구매하러 줄을 설 줄로 알았다. 그렇지만 글로벌 무대의 벽은 너무나 높았고, 단 한 건의 수출 비즈니스도 연결되지 못했다.

문제는 공급가였다. 우리 회사가 중저가 브랜드를 지향하다 보니, 바이어 입장에서는 마진이 얼마 안 되었던 것이다. 해외 바이어에게 50% B2B 홀세일(도매) 가격을 제시했지만, 팔고 나면 몇 푼 남는 게 없으니 아무도 우리 회사 제품을 거들떠보지 않았다. 결국, 우리 회사는 날개와 엔진이 준비되었지만 경험 부족으로 인해 하늘을 날지 못하고 말았다.

시간이 흘러 코로나로 힘든 시기가 닥쳐왔다. 과감히 국내 오프라인 매장을 정리하여 온라인 판매만 주력했다. 이때 나는 한국 시장은 해볼 만큼 해봤다는 생각이 들었고, 본격적으로 해외 수출의 문을 두드렸다. 과거 실패를 거울삼아 배수(가격)를 올리는 전략을 펼쳤고, 이것이 성공하면서부터 수출이 술술 풀리기 시작했다.

현재, 이브이아이엔씨(앨리스마샤)는 국내 시장의 경우 온라인 판매에 주력하고 있다. 무신사, W컨셉, 29cm, 지그재그 브랜드관, 서울스토어 등 온라인 유통으로만 70억 원의 매출을 올렸다. 특히 온라인 플랫폼 서울스토어에서 핸드백 판매 1위를 기록했고, 2022년 상반기에는 신라, 신세계, 롯데 온라인 면세점에서도 랭킹 1위를 달성했다. 오프라인의 경우 인천공항 면세점과 제주 면세점, 부산 면세점에서 판매를 하고 있다. 이브이아이엔씨의 성장은 현재진행형이다. 앞으로 고성능 날개와 엔진을 갖춘 이브이아이엔씨는 풍부한 경험을 토대로 더 높이 더 멀리 하늘로 날아오를 것이다.

PART 2

동대문 시장에서 키운
장사 기술

EV INC

떡잎부터 남달랐던
패션 장사꾼

　나를 잘 모르는 어떤 사람은 내가 유명 대학에서 패션 관련 디자인을 공부한 것으로 잘못 생각한다. 나를 잘 모르는 또 어떤 사람은 내가 금수저인 줄로 오해한다. 탄탄한 자금줄을 바탕으로 현재의 유명 가방 기업으로 승승장구하는 것으로 잘못 생각한다.

　나는 전문적이고 체계적으로 패션을 공부한 적도 없으며, 집안에서 지원받은 자본이 단 한 푼도 없다. 그럼에도 불구하고 현재 년 매출 70억대의 가방 회사를 일굴 수 있었던 원동력이 무엇일까? 그것은 바로 '장사꾼 DNA'로 누구에게 배운 것도 아니고 타고난 것이다.

내가 중학교에 다닐 때 가세가 크게 기울기 시작했다. 이로 인해 나는 또래 친구보다 일찍 돈의 중요성을 깨달은 것과 함께 빨리 돈을 벌어야 한다는 생각을 했다. 그런 내가 15살 때 군고구마 장사를 시작했다. 이로부터 17살까지 3년 동안 군고구마 장사를 했다. 군고구마를 떼오고 또 장작도 구해와서 쪼개어 불쏘시개로 쓰는 것과 함께 손님을 상대하는 일이 재미가 있었다. 더욱이 친구들이 많이 놀러 왔기 때문에 지루하거나 힘들 틈이 없었다.

처음 군고구마 장사를 시작한 곳은 인천 부평의 번화가 중심이었다. 유동인구가 많은 곳이므로 어느 정도 장사가 될 것이라고 생각했지만 예상이 빗나갔다. 크리스마스이브 날에도 쉬지 않고 일했지만 정말 장사를 잘하지 못했다. 한 개도 못 팔 때도 많았다. 이때 내가 군고구마 장사를 포기해버렸으면 지금의 나는 없다. 나는 그대로 망하는 것을 순순히 받아들일 수 없었다. 우연히 새로운 '입지'에서 장사를 할 기회가 찾아왔고, 곧바로 그곳으로 자리를 옮겼다.

새로 자리를 잡은 곳은 롯데백화점이 있는 곳이었다. 그 백화점 앞에 동아아파트 단지가 있었기에 새로운 마음가짐으로 그곳 입주민을 상대로 장사를 시작했다. 이번에는 장사가 잘되었다. 아파트 입주민들이 귀가할 때 내 군고구마를 구입했다.

"학생, 고학하나 보네요. 힘내요."

"어린 학생이 군고마 장사를 하다니 참 대견도 하지."

"우리 아이들이 군고구마를 좋아한답니다."

"군고구마가 맛있네요."

하루가 다르게 매상이 가파르게 올라갔다. 그러자 덩달아 친구들도 더 자주 내 주위에 몰려들었다. 손님들이 없을 땐 몰랐는데 손님들이 많아지니까 놀러 온 친구들이 눈에 거슬리기 시작했다. 학원도 안 가도 군고구마 장사하는 친구 주변에 기웃거리는 친구들이 비행 청소년처럼 비춰질 것만 같았다. 이대로 있다가는 자주 찾는 손님들이 내 친구들을 이상한 눈초리로 바라보고 발길을 돌려버릴 수 있었다. 그렇다고 해서 친구들에게 군고구마 장사에 방해가 되니 오지 말라고 엄포를 놓을 수도 없었다.

고민을 하다가 한가지 묘안을 생각해냈다. 손님들에게도 좋고, 친구들에게도 좋은 방안이었다.

'그래, 친구들을 내 주변에 서성거리게 하지 말고 일을 시키자. 장사에 도움이 되게 배달을 시키자.'

이때, 시작한 것이 친구들을 활용한 군고구마 배달이었다. 손님들은 군고구마가 익을 때까지 기다려야 하는데 그런 불편을 해소시켜주었다. 지금 생각하면, 이때부터 나는 동물적 감각으로 빠르게 상황을 파악하고 주위의 조건(인맥, 인프라)을 활용하는 임기응변 능력을 발휘했다. 이 능력은 지금의 가방 사업을 하는 데에 큰 도움이 되었다.

"여기서 기다리지 않으셔도 됩니다. 아파트 주소만 적어 놓고 가시면 배달을 해드리겠습니다."

손님들이 정말 그러냐며 상당히 좋아하셨다. 처음에는 친구들이 무보수로 배달을 해주었다. 친구들도 길거리에서 마냥 빈둥대고 있는 것보다 의미 있는 일을 하는 것에서 큰 재미를 느꼈다. 손님들의 반응이 뜨거웠으며 매상이 크게 뛰어올랐다. 얼마 뒤에 그 아파트에 사는 친구를 일당 2만 원의 직원으로 고용을 했다. 그 친구는 용돈을 벌고 또 친구와 어울리며 놀 수 있어서 무척이나 좋아했다.

군고구마 장사가 자리를 잡아가면서 주위에서 도움을 주는 분들이 생겨났다. 분식집 하는 아줌마는 군고구마와 떡볶이를 물물교환을 해주셨다. 그래서 매일 군고구마만 먹던 나는 실컷 떡볶이 맛을 볼 수 있었다. 분식집 근처에는 오랫동안 치킨과 영양닭을 파는 포장마차가 있었는데 그곳 사장님 아저씨가 도움의 손길을 내밀어 주셨다.

"하루 이틀 하다가 말 줄 알았는데 제법 장사 수완이 좋네. 학생이 열심히 장사를 하는 모습이 대견해서 내가 아파트 부녀회장을 소개해주고 싶어."

나중에 아파트 부녀회장님을 만났을 때 알게 된 사실은 함부로 아파트 단지 앞에서 군고마 장사를 하지 못한다는 것이었다. 그런데 나는 학생 신분이었기에 대수롭지 않게 여겨서 방관해 왔던 것이다. 그런데 아파트 부녀 회장님은 선뜻 나에게 이곳에서 얼마든지 군고구마 장사를 할 수 있도록 허가해주겠노라 했다. 더 나아가 부녀회에서 군고구마 장사를 많이 홍보해주었다. 결과적으로 3년간 그곳에서 했던 군고구마 장사는 큰 성공을 거두었다.

당시 고구마 한 박스가 대략 2만 원 정도였는데 한 박스를 팔면 딱 2배의 돈이 남았다. 초기에는 매일 부평의 깡시장에서 두 박스를 떼오다가 나중에는 네 박스를 떼와서 팔았다. 장사가 잘 될 때는 매일 여섯 박스까지 떼어다 팔았다. 이렇게 해서 수중에 들어온 돈 가운데 일부는 친구들에게 일당으로 2만 원을 주었고 그 나머지 돈이 오롯이 내 몫이었다. 당시 나는 공부에도 큰 관심이 없었고, 또 미래 직업에 대한 꿈도 없었다. 그런 내가 내 속에 잠들어 있던 '장사꾼 DNA'를 활짝 만개시킨 것이다.

이러한 '장사꾼 DNA'가 또 한번 유감없이 발휘된 적이 있었다. 군 제대 후 6개월간 부평 번화가의 리바이스 청바지 대리점에서 일을 했는데 재밌게 일을 하다 보니 어느 사이에 내가 최고 매출을 올려서 보너스를 받았다. 보너스를 너무 많이 받다 보니 다른 직원들에게 눈치가 보일 정도였다.

보통 판매직 직원은 손님이 오면 손님이 원하는 것만 설명해 주고 계산하면 끝이다. 그런데 나는 달랐다. 엄마가 아이 옷을 사러 아이와 함께 매장을 방문했을 때다. 이때 나는 순간적으로 두 고객을 파악하고 임기응변을 발휘했다. 나는 아이가 원하는 옷만 설명해 주는 것이 아니라 다른 옷을 아이에게 입혀주고 아이가 사고 싶어지게끔 유도했다.

"와, 이 옷을 함께 입으니까 더 멋진데."

"엄마, 나 이 옷도 사고 싶어요."

"어머니, 아이가 정말 이 옷을 사고 싶어하네요."

그러곤 내가 아이에게 말했다.

"엄마가 이 옷 사주면 공부 열심히 해라! 알았지?"

이렇게 대화를 이끌면서 어머니가 지갑을 열게 만들었다. 엄마는 어쩔 수 없이 추가로 옷을 아이에게 사주었다. 그다음 엄마도 공략해서 옷을 사게 만들었다. 당시 청바지 하나가 12만8천 원할 때였고, 자켓 하나가 21만8천 원할 때였다. 한 아주머니 손님에게는 가족에게 입힐 옷을 100만 원 넘게 판매한 적도 있었는데, 나중에 아주머니가 반품하러 올 때는 솔직히 죄책감이 들기도 했다. 이 시기에 나는 매달 어머니에게 120만 원씩 용돈을 드렸고, 내 생활비는 보너스로도 충분했다.

리바이스 청바지 판매를 할 때, 장사꾼으로서의 내 입담이 잘 발휘되었다. 나는 주위 사람들로부터 "너는 물에 빠져도 입만 둥둥 떠서 돌아다닐 거야"라는 말을 자주 듣는다. 실제로 이 시기에 나는 장사꾼의 주요한 자질인 사람과 대화하기와 흥정하고 협상하는 것을 유감없이 발휘했고, 그 결과로 높은 판매 실적을 이루어냈다.

군고구마 장사를 성공적으로 해낸 것과 더불어 리바이스 청바지 대리점에서 높은 판매 실적을 거둘 수 있었던 것은 나에게 '장사꾼 DNA'가 있었기 때문이다. 이러한 장사 수완은 나중에 내가 동대문에 진출할 때 타의 추종을 불허하는 성장동력이 되어 주었다. 돌이켜보면, 나에게 장사꾼 DNA가 없었다면 지금의 내가 없다는 생각이 든다.

간혹, 장사에 대한 경험과 감각이 전무한 채로 막바로 패션 사업을 하는 분들을 접하게 된다. 이분들은 그들만의 디자인과 마케팅

역량에 대한 자신감만으로 사업을 성공시키려고 한다. 하지만 실제로 성공하기가 하늘의 별 따기처럼 어렵다. 사업을 성공시키는 주요 동력이 대표의 장사 감각이기 때문이다.

특히, 장사 경험을 통해 민첩한 상황 파악 능력 그리고 주어진 조건과 환경을 십분 발휘하는 임기응변 능력을 갖추는 것이 중요하다. 이러한 능력이 패션 기업의 성공 가능성을 더 높여줄 것이다.

누님과 함께
동대문에서 장사 시작

내가 군고구마 장사를 할 때 학생이던 누님은 액세서리 장사를 했다. 그런 누님은 고등학교를 졸업하자마자 돈을 벌기 위해 본격적으로 동대문 가게에서 일을 했다. 시간이 흘러 내가 고등학교를 마치자, 누님이 나를 동대문으로 이끌었다. 특별히 하고 싶은 일이 없던 나는 누님이 하자는 대로 순순히 따랐다. 누님이 사장이었고, 내가 직원이었다.

이때부터 나의 동대문 장사 경력이 시작되었다. 당시, 누님 매장은 동대문 뉴존상가 지하 2층에 있었는데 이곳에는 수입잡화점, 명품관이 즐비했다. 우리 매장의 앞과 옆 매장에서는 명품을 팔고 있었다.

동대문 장사는 내가 군대에 입대하면서 도중에 중단되었다. 나중에 제대 후에도 다시 동대문으로 돌아갈지 마음의 결정이 서지 않았다. 그런 나는 말년 휴가 때 부평의 리바이스청바지 가게 면접을 보고 취직을 했다. 일은 해야 했지만 놀고 싶었는데 집 근처에서 일하면서 저녁에 놀기 위해 그곳에 취직을 한 것이다. 그래서 제대 후 동대문 누님의 가게로 가지 않고 6개월 동안 리바이스청바지 가게에서 판매 일을 했다. 앞서 언급했듯이, 보너스만으로 술 마시고 놀러 다닐 수 있을 정도였으니까 동대문에 돌아갈 생각이 전혀 나지 않았다.

누님이 나를 내버려 두지 않았다. 전 직장이자 첫 직장의 사장님인 누님이 우수 직원인 나를 애타게 기다렸다. 그럼에도 나는 고등학교를 졸업하자마자 놀지도 못한 채 동대문 가게에서 일만 했었기 때문에 동대문에 돌아갈 마음이 생기지 않았다. 그냥 이대로 리바이스 대리점에서 받은 보너스로 한량처럼 살아가는 것이 너무나 좋았다.

전 직장 사장님이자 누님의 고집이 보통이 아니었다. 하루는 누님이 나에게 친구들 전부 데리고 오면 술을 사주겠다고 했다. 약속 장소는 부평의 한 주점이었다. 누님은 테이블 주위에 둥그렇게 나와 친구들을 앉힌 후에 술을 먹였다. 서서히 나와 친구들이 취해갔는데 그제서야 누님의 본심을 드러냈다.

"창훈아, 나랑 같이 일하자. 둘이 힘을 합치면 번듯한 도매상이 될 수 있어. 너 군대 가기 전에 판매 수완이 상당히 좋았잖아."

나는 상당히 취한 상태였다. 전 직장 사장님인 누님이 친히 술까지 사주면서 나를 설득해왔다. 나는 누님이 섭섭해할까 봐 고개를 끄덕거리고 말았다.

"아알었어. 할게. 하면 됐지?"

그 자리에 있던 친구들이 증인이 되었기에, 한번 내뱉은 말을 돌이킬 수 없었다. 그 뒤로 동대문으로 다시 돌아갔으며 미친 듯이 일을 했다. 만약 이때 누님이 나를 동대문으로 다시금 이끌지 않았다면 현재의 내가 없었을 것이다.

다시 돌아온 동대문의 누님 매장에서 가방을 판매했다. 이번에도 내가 판매에 중점적인 역할을 했는데 정말 많이 팔았다. 사장인 누님이 나의 장사 수완을 보고서 딜을 해왔다.

"역시, 내 동생이 최고야. 이렇게 많이 팔 줄 알았다니까. 앞으로 네가 하루에 평균적으로 2천만 원씩 팔아서 한달 6억 원 매출을 올리면 네 가게를 열어줄게. 어때 해볼래?"

당시 매장의 하루 평균 매출이 200~300만 원 정도였으니 터무니없는 제안이었다. 하루 평균 매출 2천만 원은 현실적으로 가능하지 않은 목표치였다. 순진했던 나는 잠자는 시간을 아끼면서 열심히 일을 하면 그 목표를 이룰 수 있을 거라 생각하고 누님의 협상에 응했다.

지금은 그렇지 않지만 당시 동대문에서는 물건을 떼다가 판매하는 상인이 많았다. 매장을 한 개를 갖고 있는 상인도 있었고, 매장을 5개, 10~20개를 갖고 있는 소위 '구찌 손님'들도 많았다. 이와 더불어 온라인에서 지마켓, 옥션, 오픈마켓이 생겨나면서 온라인 판매가 활성화되는 시점이었다. 2014년부터 2017년 사이가 온라인 판매의 최고 과도기였지 않았나 생각한다.

오프라인 판매와 함께 온라인 판매 두 마리 토끼를 잡는 전략을 펼쳤다. 예를 들어서 상품을 100개를 만들면 우선 전화를 해서 오프라인 매장에서 영업하는 분에게 60~70개를 외상으로 주고 팔게 했다. 한달 동안 판매하게 해서 말일 전에 팔지 못한 제품과 판매대금을 같이 갖고 오라고 했다.

이와 더불어 온라인 판매에도 많이 신경을 썼다. 머지않아 온라인 판매가 대세가 될 것이라는 예감이 든 나는 발 빠르게 대처했다. 가방 제품이 나오면 사진을 찍어서 무료로 고객에게 제공했다. 특히 온라인 판매를 하는 분들이 편하게 사진을 퍼가서 마진을 붙여서 장사를 할 수 있도록 도와준 것이다. 처음에는 웹하드에 사진을 올리다가 나중에는 홈페이지에 그냥 회원가입만 하면 사진이 공개되게 했고, 컨트롤 C(복사)와 컨트롤 V(붙여넣기)만 하면 사진을 퍼갈 수 있게 해놨다.

그러자 오프라인에서 재주문이 들어왔고, 또 온라인에서도 주문이 이어졌다. 이런 일이 매일 같이 이어졌다. 그러고 보니까 어느 시점에 가서는 오프라인 매장에서 상당히 많이 팔기 시작했고 이로 인해 갑자기 외상 금액이 4억 원까지 올라가는 일이 생겼다. 온라인에서 물건이 터지기 시작했다. 온라인 업체 입장에서는 추가로 사진을 만드는 수고로움이 없이 제품을 판매하게 되니까 당연히 우리 가게 상품만 다 올려서 판매해주었다. 한 온라인 판매자가 이런 피드백을 준 게 기억이 난다.

"다른 가게 상품을 떼다 팔려면 사진을 찍어야 해서 번거로웠습니다. 근데 사장님 가게 제품은 별도로 콘텐츠를 만들 필요가 없이 그냥 똑같은 사진 갖다 놓고 가격만 붙이면 물건이 알아서 잘 나가네요."

3개월 뒤에 한달 매출 6억 원 목표를 달성해냈다. 나는 3개월 차 되는 날에 모든 거래처에 연락을 해서 수금을 했다. 한 달 평균 매출 6억 원만 올리고자 해서 마지막 날에 수금을 싹 거둬들였다. 엄청난 금액이 나왔다. 막상 그 꿈만 같은 일을 이루어내니 감격스러웠다. 사실, 누님이 목표 달성 시 내게 가게를 내주기로 한 것은 누님의 재정상 쉽지 않은 일이었다. 그리고 나 또한 당장 매장을 혼자 운영할 자신감이 있지 못했다. 그래서 새로 직원을 한 명 충원했는데 나와 그 직원의 월급을 20만 원 올려주는 것으로 마무리를 했다.

온라인 판매에서
얻은 것 두 가지

동대문에서 일하면서 몰래 온라인 판매를 혼자 한 적이 있었다. 이게 되게 잘됐다. 매장에서 판매를 할 때 한 고객이 지마켓에서 물건을 엄청나게 많이 팔고 있다는 사실을 알게 되었다. 그 고객분은 매장 임대료 걱정도 없고, 또 고객을 상대하는 고된 일도 하지 않고, 단지 온라인에 예쁜 사진만 올려놓는 것만으로 많은 수익을 거두고 있었다.

나도 해보고 싶은 강한 욕구가 생겨났다. 온라인 판매에서 매우 중요한 역할을 하는 것이 사진이라고 봤고, 포토샵을 배웠다. 얼마 뒤 상품 사진을 정성껏 찍어 놓고 온라인 판매를 시작했다. 사진은 퍼갈 수 있도록 고객에게 무료로 제공했다. 그런데 잘 판매가 되지 않았다.

이때, 동대문에서 일하는 친구가 도움을 줬다. 그 친구는 한 옷 가게에서 일하고 있었는데 그곳 상품이 대박이 났다.

"내가 우리 상품 싸게 줄 테니까 팔아봐라. 다른 거래처 사장보다 1000원 싸게 줄게."

친구 가게의 대박 난 제품을 올리자 그때부터 주문이 들어왔다. 당시 지마켓에서는 점수를 매겨서 '파워 딜러'라는 것을 만들었었다. 파워 딜러가 되면 결제 입금이 2주에 한 번씩 돈이 들어왔고, 파워 딜러가 아닌 일반 딜러는 한 달에 한 번씩 돈이 들어왔던 것 같다. 파워 딜러가 만들어지기 위해서는 점수가 대략 2천 점 이상이 있어야 했다. 그런데 한두 달 만에 6,800점을 올렸는데 한 건 배송하면 1점씩 쌓이고 한 건이 취소가 되면 마이너스 2점씩 깎였었다. 근데 내가 한두 달 만에 말도 안 되는 매출 수량의 물건을 쳐내기 시작했다.

밤에는 매장에서 일하고 낮에는 매일 온라인 판매에 매달리다 보니, 잠도 못 자서 너무 힘든 날이 이어졌다. 결정적으로 중국에서 춘절 휴가 기간에 물건이 끊기는 일이 발생했다. 그러자 엄청난 항의 전화에 시달려야 했다. 게다가 돈을 줘야 하는데 돈이 바로 들어오는 게 아니었다. 나는 처음에 한 달에 한 번 받다가 나중에 2주에 한 번씩 받다 보니까 돈이 묶이고 말았다. 돈이 없어서 죽을 것 같을 때 친구가 압박을 해왔다.

"야, 빨리 입금해줘야 해. 사장님 알면 나 혼나."

얼마 후, 간신히 친구에게 입금을 다 해줄 수 있었다. 이런 일을 겪고 나서 나중에 기회를 봐서 온라인을 하기로 마음먹고 지마켓 판매를 접었다. 온라인 판매의 경험을 통해, 나는 2가지 소득을 얻을 수 있었다.

동대문 최초로 사진 제공

지금 동대문에 있는 상가들에게는 사진을 제공하는 것이 상식이 되었다. 그런데 당시에는 그런 가게가 없었다. 동대문의 다른 가게들이 사진 제공으로 장사가 잘되는 누님 가게를 보고서는 따라 해서 오늘에 이르게 된 것으로 생각한다. 누님 가게 주위에서 시작하다가 이것이 동대문 전체로 유행처럼 번졌다.

가방 쪽에서는 웬만한 상가들이 이제 거의 다 따라 하고 있다. 이 뒤를 이어 옷도 누군가 시작을 했다. 그 결과 '신상마켓(국내 1위 동대문 B2B 패션 도매 플랫폼)'이 생겨났다. 지금 소매상인들과 쇼핑몰 하는 사람들은 동대문에서 받은 사진을 올려놓고 마진 1.4~ 1.7을

해서 주문받고 있다. 여기서 더 나아가 동대문에서 배송도 알아서
해주는 세상이 되었다.

잘 팔리는 상품에 대한 촉

가방 분야에서 나만의 판매 노하우가 생겼다. 오프라인 매장이
활성화될 때 각 지역마다 잘 나가는 스타일이 있었는데 나는 이것
을 정확히 파악했다. 그리고 온라인 판매에 집중하다 보니 온라인
쇼핑몰이 각기 특색이 있다는 것을 발견했다. 옷 코디가 홍대 스타
일, 강남 스타일, 부산 스타일 등으로 여러 가지가 있는데 그것이
내 눈에 들어오기 시작했다.

당시 나는 홍대 스타일의 상품을 만들어서 쏠쏠한 재미를 봤다.
홍대 스타일의 가방을 내놓으면 어느 정도의 수요가 있을 것이라
고 생각했는데 그 예상이 적중했다. 이런 경험이 쌓이다 보니, 이제
는 물건에 대한 감각이 매우 뛰어나다.

한 상품을 딱 보면 지금 어디서 잘 팔리겠네라는 생각이 든다.
그리고 어떤 제품은 잘 팔릴지 안 팔릴지에 대한 촉이 딱 온다. 이
연장선상에서 일본에 출장 갔을 때도 지금 한국의 우리 상품이 일
본에서 통하겠다는 강한 확신이 들었다.

"잘 나가는
가방 배달 중인데 볼래요?"

"가게 이름으로 에바다 어떠니? '열려라'는 뜻을 갖고 있는 기독
교 용어야."

매장을 오픈하기로 했지만 가게 이름이 떠오르지 않았다. 이때,
교회 권사님이셨던 어머님이 괜찮은 가게 이름을 알려주셨고, 이
것이 사업자로서 나의 첫 매장 상호가 되었다. 이리하여 2010년 5
월 3일에 사업자등록증이 나왔다.

동대문에서 일을 해오던 나는 어느덧 28세의 나이에 이르렀는
데 누님의 가게에서 나오면서 딱히 할 일이 없었다. 몇 달간 술을
마시면서 방탕하게 생활했다. 시간이 쏜살같이 흘렀고, 카드값이

떨어져 가기 시작했다. 술만 먹고 한량처럼 놀다 보니 다음 달 카드값을 내지 못할 처지가 되었는데, 이때 정신이 바짝 들었다.

'일 안 하고 놀다가는 신용불량자 되겠다. 정신 차리고 돈을 벌어야겠어.'

당장 돈을 벌어야 하는 상황이 되었을 때 비로소 가게를 계약했다. 내가 일하던 남평화상가에는 지하 1층이 있었는데 그곳은 손님이 찾지 않는 망한 상권이었다. 그곳에 빈 매장이 있어서 부동산에 가서 물어보니, 보증금 500만 원에 월세 50만 원으로 매우 금액이 쌌다. 곧바로 계약을 했지만 금액이 싼 만큼 지하 1층에서도 맨 구석에 있는 창고 비슷한 곳이었다. 처음부터 이런 곳에서 매장을 하고 싶은 생각이 없었지만 뾰족한 수가 없었다. 결국 모아 놓은 돈과 카드 대출에다 친구에게 빌린 돈으로 계약금과 보증금을 입금했다.

오랫동안 내가 능력 있는 판매직원으로 동대문에서 일했으니까 내가 많은 돈을 모아 놓은 줄로 생각할 수 있지만 사실은 그렇지 않다. 돈에 대한 개념이 좀 약했다. 돈을 벌면 부모님 용돈을 많이 드리고 나는 계획성 없이 그때그때 돈을 썼다. 차곡차곡 돈을 모아서 결혼을 준비할 생각을 전혀 하지 못했다. 이런 내 모습은 지금의 이브이아이엔씨(앨리스마샤)에서도 이어지고 있다. 돈을 많이 모

으는 데 집중하기보다는 비즈니스를 확장하고 새로운 것을 추구하고 새로운 상품을 만드는 것을 좋아하기 때문에 많은 자금이 모이지 않고 있다. 벌어들이는 많은 자금이 미래를 위해 투자가 되고 있다.

지하 1층 구석에 있는 매장에 혼자 앉아 있다 보니, 한숨이 절로 나왔다. 매달 고정비 50만 원씩 나가게 되어 있는데 매장 문을 연 지 여러 날이 지나도 단 한 명의 손님도 찾아오지 않았다. 앞으로 이곳에 손님이 찾아올 가능성은 제로에 가까웠다. 자칫 잘못하면 빚더미에 앉을 수도 있었기에 마음이 편하지 않았다.

그렇지만 그동안 동대문에서 일해오면서 키워온 장사 능력과 인맥이 있었기에 자신감이 있었다. 모름지기 명장은 연장을 탓하지 않는다는 말이 있다. 나에게는 고객에게 많이 판매를 하는 능력이 있었고, 또 동대문에 일하는 친구와 선배들이 많았다. 이 두 가지면 충분히 승산이 있었다. 실제로 지인들이 와서 많은 도움을 주었다.

"야, 내가 지하 1층에 있는 매장에도 다 와보네. 이런 곳에서도 장사가 되려는지 모르겠다. 내가 너를 생각해서 요즘 잘 나가는 아이템 하나 알려줄게. 그것 카피 떠서 해봐라."

"이건 우리 가게에서 하려고 준비 중인 건데 너한테만 알려줄게. 요즘 뜨는 디자인이 뭐냐하면…"

이를 토대로 상품을 만들었다. 일단 상품은 잘 팔리는 조건을 갖춘 셈이기 때문에 합격이라고 볼 수 있다. 근데 여기서 끝이 아니다. 아무리 잘 팔리는 상품을 만들어놔도 고객이 지하 1층 구석의 허름한 매장에 찾아오지 않기 때문이다. 이에 대한 대책도 세워 놓았다. 어차피 가게에 있어 봐야 아무 의미가 없기에 상품을 넣은 대봉(사입시장의 큰 봉투)을 들고 상가입구에 나가기로 했다.

매일 같이 상가 입구 앞에 나가는 일이 이어졌다. 입구 앞에서 담배를 피우고 있다 보면 아는 도매상, 온라인 쇼핑몰 업자들이 지나갔다. 그러면 그 사람과 담배를 함께 피우면서 말을 붙였다.

"이거 잘 나가는 가방인데 배달 가는 중이에요. 한번 볼래요?"

그 사람들은 내가 한 달에 수억 원대 판매를 올릴 때 안면을 튼 거래처 분들이었다. 그러다 보니 그 사람들은 내 말을 듣고 그냥 지나쳐가기 쉽지 않았다. 대봉을 열고 상품을 보이면 상대가 호의적인 반응을 보였다.

"가게 오픈했나 보네. 이것 상당히 디자인이 좋은데 얼마예요?"

"사장님에게만 특별히 싸게 해드릴게요."

그다음 판매는 일사천리로 이어졌다. 손님에게 계좌번호를 보내주고 나면, 손님은 상품을 받을 주소를 알려줬다. 배달은 배달 전문으로 하는 '삼촌'이 대신해 줬다. 이때 나는 손님한테서 먼저 받은 일부 돈을 모아서 새로운 상품을 만들었다. 이 상품을 만들어서 똑같은 방식으로, 상가 입구에서 팔았고 그다음 먼저 받은 돈으로 또 상품 개발을 했다.

매장에서 손님에게 상품을 팔려고 하면, 매장의 입지가 좋아야 하고 또 인테리어가 예뻐야 한다. 그래야 손님이 발품을 팔아서 매장을 찾아오고 원하는 상품을 골라보고 최종적으로 구매를 한다. 그런데 나의 경우 매장의 위치와 인테리아가 최악이었다. 창고 같은 분위기를 풍기는 매장이었기에 상품들이 신상이 아니라 전부 재고처럼 느껴질 수밖에 없었다. 그래서 매장에서 판매한다는 것이 불가능하다고 봤다.

이때, 다른 사람 같으면 거래처에 전화를 해서 물건을 들고 찾아가서 만나달라고 할 것이다. 상황이 좋지 못하니 자기네 상품을 사달라고 애걸복걸할 가능성이 많다. 그렇지만 나는 달랐다. 나는 전화 한 통만으로 몇억씩 벌었던 경험이 있었다. 따라서 굳이 낮은 자세로 거래처에 다가갈 필요성을 느끼지 않았다.

거래처 분들은 나에 대한 좋은 이미지를 가지고 있었다. '곽창훈' 하면, 수억대를 팔아치우는 능력자라는 생각이 저절로 떠올랐다. 따라서 나는 상가 입구 앞에 대봉을 들고 서서 담배 피우는 전략을 펼쳤다. 누군가 그때의 내 표정을 보면 너무나 여유롭다고 생각했을 것이다. 그도 그럴 것이 나는 지나가는 누군가가 제발 내 상품을 사달라고 초조하게 기다리지 않았다. 나는 마치 주문을 받아서 배달 가는 도중에 잠깐 담배를 피우는 것처럼 마음껏 '가오'를 부렸다. 이 모습을 본 거래처 분들은 당연히 대봉 속에 무엇이 들었는지가 궁금해질 수밖에 없었다. 이리하여 상가 입구를 지나가는 많은 고객들이 내 상품을 구입해 주었다.

당시, 상가 입구 앞에서 판매를 하는 분들이 한 명도 없었다. 대부분 입지 좋은 곳에 있는 매장은 굳이 그럴 필요성이 없었으며, 입지 안 좋은 매장도 그런 아이디어를 생각하지 못했다. 내가 그 방법을 택한 것은 본능적이었으며, 이는 민첩한 상황 파악 능력 그리고 주어진 조건과 환경을 십분 이용하는 임기응변 능력이 발휘된 것이다. 당시 내가 그 지하 1층 매장에서 오는 손님만 기다리고, 전화해서 와달라고 했으면 망했을 것이다. 손님이 거의 찾아오지 않을뿐더러 전화 받고 찾아온 고객도 창고 같은 매장을 보고선 실망할 것이 분명했다.

　나는 과감히 가치가 떨어지는 매장에서의 판매를 접고 상가 입구 앞에 나갔다. 이때 지나가는 고객들이 내가 누군인지를 알기 때문에 저절로 내가 들고 있는 상품이 가치가 높다는 생각을 했다. 고객들은 장사수완이 좋은 내가 들고 있는 상품은 당연히 값어치 나간다고 생각을 했다. 그 결과 판매가 잘 되었고, 이로부터 지속적으로 거래를 한 고객들이 매장에 직접 오기 시작했다.

사업가로서 내 중심을
잡아준 아내

　　에바다를 창업한 후에 정신없이 사업을 하고 있었다. 항상 잠자는 시간이 부족했지만 하루하루 매출이 늘어가는 것에서 보람을 느끼며 일을 해나갔다. 그렇지만 한창 젊은 나이인지라 불쑥불쑥 잠깐이라도 일에서 손을 놓고 친구들과 놀고 싶은 마음이 들기도 했다. 사업을 하기 전에 철부지처럼 돈을 버는 족족 유흥비로 탕진하던 내 과거가 떠올랐다. 자칫 에바다 매장에서 벌어들인 큰 목돈에 취한 나머지 흥청망청 노는 데 정신 팔릴 가능성이 도사리고 있었다.

　　실제로 동대문 지인 가운데 매장을 열어서 큰돈을 벌게 되자, 정신을 못 차리고 외제차를 사고, 여행을 다니며, 주점을 들락거리다가 얼마 못 가서 폐업을 한 일이 있었다. 사업 잘될 때일수록 바짝 긴장의 끈을 놓치지 말고, 사업에 집중하는 것이 중요했다.

에바다를 할 때도 기회가 생기면 나는 친구들과 어울리며 술 마시는 것을 즐겼다. 이런 식으로 가다가는 나의 미래가 어떻게 될지 장담할 수 없는 노릇이었다. 자칫 즐기는 데에 빠져버리다가는 매출이 좋은 에바다의 미래가 불투명해질 수 있었다.

이런 나에게 중심을 잡아준 분이 나타났다. 지금의 와이프다. 와이프를 만났기 때문에 나는 잠재력의 최대치를 발휘하여 사업에 매진할 수 있었다. 와이프를 만나게 된 계기는 술자리였다. 평소에 나는 남녀 구별 없이 친구들을 많이 사귀고 있었다. 당시 술을 함께 자주 마시던 여자 친구가 있었는데 어느 날 술자리에 초등학교 동창을 데리고 왔다. 이 초등학교 동창이 내 와이프인데, 너무 이뻤다.

나는 한눈에 반해버렸고, 가슴이 콩닥거렸다.

'내 여자로 만들고 싶다.'

이런 생각이 내 머릿속에 메아리쳤다. 이 뒤로 나는 토요일마다 친구들의 술자리를 빠지지 않고 참석했다. 토요일 오후에는 무조건 잠을 몰아서 자야 하는 처지였지만 나는 지금의 와이프 얼굴을 보기 위해서 잠을 포기했다. 새벽에 일하고 나서 낮에도 일을 하다 보니 거의 잠을 자지 못했다. 그렇지만 아내의 얼굴을 볼 수 있다는 것이 나에게 무한한 힘을 주었다. 사랑의 힘이 이렇게 대단한 것이었다!

평소 같으면 수면 부족이 곧바로 일하는 데 데미지를 줬지만 이상하게도 이때는 늘 활력이 넘쳤다. 일할 때 흥이 넘쳐났고, 혼자 콧노래를 부르면서 행복한 기분에 도취되었다.

수많은 술자리를 함께 하자, 와이프와 어느 정도 친해져 갔다. 하지만 이성으로서가 아니라 그냥 남자 사람 친구 정도였다. 이때 와이프에 대한 이야기를 많이 접했다. 나처럼 경제적으로 좋지 못한 집안에서 자라났다는 것과 그래서 일찍 생활전선에 뛰어들었다는 것 그리고 지금 한 오피스텔에서 혼자 살고 있다는 것을 알게 되었다. 그러다가 한 술자리에서 와이프가 소개팅을 받는다는 이야기를 전해 들었다.

내 가슴이 찢어지는 것 같았다. 이제 조만간 다른 남자의 품으로 떠나버리게 되는 건 아닌지 몹시 괴로웠다. 그러던 어느 날이다. 와이프를 술자리에 데리고 온 여자 친구가 말하기를, 와이프가 매트리스가 없어서 허리가 아프다는 것이었다. 그 이야기를 들은 나는 내 허리가 아픈 느낌을 받았다. 사랑하는 사람의 허리를 아픈 상태로 방관할 수 없었다. 나는 이때야말로 기회라고 봤다.

'내가 어떻게든 행동을 보여줘서 내 여자로 만들어야겠다.'

인천 부평시장에 가서 1인용 싱글 매트리스를 샀다. 그러곤 누나의 차 코란도에 실어서 오피스텔로 향했다. 막상 매트리스를 대각선으로 실어놓으니까 오른쪽 시야를 가려버렸기에 코란도를 왼쪽으로 몰았다. 오피스텔 앞에 도착한 후 전화를 했다.

"나 창훈이야. 네가 허리가 아프다는 얘기를 들어서 매트리스를 사 왔어."

와이프는 놀라면서도 매우 좋아했다. 이날 이후로 6개월 아내와 연애를 했는데 아내가 축복을 받아서 임신을 했다. 그래서 당연히 순차적으로 결혼을 했다.

결혼식 당일에도 나는 동대문에서 장사하다가 아침 8시에 직원에게 매장을 맡기고 결혼식장으로 뛰어갔다. 예복은 아울렛 매장에서 사서 기장 수선을 한 정장을 입고, 구두는 물티슈를 쓱쓱 닦아내고 급하게 결혼식을 올렸다. 그다음 이어지는 신혼여행은 꿈도 꿀 수 없었다. 나는 결혼식을 끝내자마자 다시 매장으로 돌아갔다.

얼마 뒤 첫째가 태어났다. 아이를 안으면서, 이제 나는 아내와 아이를 책임져야 한다는 생각을 했다. 내가 과로로 쓰러지기라도 하거나, 혹은 사업이 잘못되기라도 하면 아내와 아이의 미래를 장담할 수 없었다. 나는 보험회사 친구에게 찾아가서 최대한 높은 보험금의 생명보험을 들었다. 보험계약을 하고 나니까 안심이 되었다. 내가 죽으면 아내에게 몇 억원이 나오니까 나는 목숨을 걸고 일을 해야겠다고 다짐을 했다.

가정을 꾸린 후 에바다는 어떻게 되었을까? 계속해서 매출이 올라갔고 경영이 안정적이었다. 내가 한눈팔지 않고 전보다 더 열정적으로 일에 매진하고 집중을 했기 때문이다. 이 과정에서 친구들과 술 마시고 노는 시간이 사라졌다. 그 시간은 온전히 내 아내와 아이에게 바쳐졌기 때문이다.

사업을 하는 내내 마음 상태가 크게 달라졌다. 전에는 외로움과 불안함이 교차했었다. 결혼한 후에는 항상 마음이 안정적이고 마인드가 긍정적으로 변했다. 그래서 사업이 더 잘 되었다. 시간이 지나서 생각을 해본다. 과연, 내가 29세에 아내와 결혼하지 않았다면 어떻게 되었을지 말이다. 그것은 생각만 해도 아찔하다. 지금의 성공한 패션 사업가로서 내가 있게 된 것은 와이프의 든든한 내조가 있었기 때문이라고 본다. 와이프가 사업가로서의 내 중심을 확실하게 잡아주었기 때문에 나는 흔들리지 않고 앞으로 전진할 수 있었다.

옷 원단의 가방이
대박나다

동대문에서 판매되는 제품이라는 게 다 똑같다. 인조 가죽이든 천연가죽이든 만들어지는 가방이 다들 비슷비슷하다. 디자인이 같으면 원단 소재가 다르고, 디자인이 조금 틀리면 원단 소재가 똑같은 식이다. '동대문표'라는 말이 괜히 생긴 게 아니다. 다들 잘 나가는 상품을 카피해서 내다 팔기 때문에 이런 일이 생겨났다.

나 역시 동대문에서 그렇게 가방을 팔고 있었다. 잘 나가는 가방을 조금씩 다르게 해서 판매하고 있었는데 다들 내놓자마자 날개 돋친 듯 팔려나갔다. 장사가 잘되는 것은 좋은데 서서히 회의감이 들기 시작했다.

'나만의 것을 만들고 싶다. 모방작 말고 새로운 것을 독창적으로

만들고 싶다.'

금방 기회가 오지 않았다. 당시 집이 인천이었기에 남평화상가로 긴 시간 출퇴근을 하고 있었는데 시간이 아까웠다. 그래서 일이 끝나면 잠을 포기하고 동대문 종합시장을 많이 돌아다녔다. 옷을 만드는 동대문 시장에는 아는 디자이너와 상인들이 제법 있었다. 특별한 목적이 없었지만 여러 분야의 사람들과 만나서 밥도 먹고, 커피도 마시고, 담배도 피우면서 대화를 했다. 이때, 오랫동안 알고 지내는 여자 디자이너가 있었는데 그 친구가 솔깃한 말을 해줬다.

"지금 동대문에서 이 원단 소재의 옷이 대박났어. 이걸로 가방을 만들 수 있는데 해봐."

마로 된 도트 원단이었다. 그때까지 아무도 마 소재로 가방을 만드는 것을 상상도 못했다. 그 자리에서 촉이 딱 왔다.

'바로, 이것이다. 이걸로 여행구를 만들어보자.'

얼마 뒤에 그 원단으로 보스턴 가방을 만들었는데 엄청나게 대박이 났다.

많은 상인들이 매일같이 찾아와서 보스턴 가방을 떼다가 도매로 팔았다. 동대문의 청평화시장, 디오트 상가 중심으로 많이들 사갔다. 만 원에 사가서 1만3천 원 도매가로 소매상들에게 팔았다.

내 매장에서는 3천 원 싸기 때문에 소매상들이 내 매장에 많이 찾아올 줄 알았는데 그렇지 않았다. 소매상인들이 찾는 상품이 모두 동대문 청평화시장, 디오트에 모여 있으니까 그곳에서 상품을 떼가야 했고 또 시간도 아깝고 해서 굳이 3천 원 아끼려고 내 매장에 찾아오지 않았다.

그런 어느 날 유명한 쇼핑몰 손님을 많이 가지고 있는 도매상 형님이 연락을 해왔다.

"너희 상품이 우리 거래처의 모든 쇼핑몰에 올라가서 베스트셀러가 되었다. 축하한다."

꿈만 같은 일이 현실로 이루어진 것이다. 그런데 기쁨도 잠시, 걱정이 엄습해왔는데 왜냐하면 동대문에서 심심치 않게 발생하는 카피 때문이다. 막상 새로운 가방을 만들어내어 판매가 잘 되다 보니 카피를 걱정하게 되었다.

통상 동대문에서는 2~3일, 늦어도 일주일이면 카피 제품이 나온다. 그런데 일주일이 지나도 에바다 가방을 카피 한 가방이 나오지 않았다. 카피를 하려면 이 가방이 어디서 만들어졌는지 그 매장을 찾아야 하는데 그게 쉽지 않았다. 아무도 지하 1층 구석에 꼭꼭 숨어 있는 에바다 매장을 찾지 못했다. 게다가 카피를 뜨려면 제일 중요한 원단이 어디 것인지 확인해야 하는데 굉장히 넓은 동대문에서 마로 된 도트 원단이 어느 곳에서 파는지를 찾지 못했다.

그 결과, 6개월 이상 내가 독점으로 만들어서 팔 수 있었다. 상당히 행운이었다. 만약, 이때 금방 카피 제품이 나왔더라면 큰 수익이 없었을 것이다.

옷 원단의 보스턴 가방 출시 후, 3개월 만에 매장을 이전했다. 창고 같은 지하 매장에서 조금 그럴싸한 지하의 다른 매장으로 이동한 것이다. 사람들이 많이 지나가면서 볼 수 있는 매장으로 자리를 옮기니 감개무량했다. 전에 쓰던 매장은 창고로 쓰면서 이때부터 본격적인 도매업을 시작했다. 보증금 2천만 원에 월 200만 원짜리 매장을 고급스럽게 인테리어를 하니 그제서야 제대로 사업을 하는 기분이 들었다.

번듯한 매장에서 장사를 하게 되자, 더 많은 손님들이 찾아왔다. 다들 큰손들이었는데 나는 남들과 다르게 장사를 했다. 다른 가게에서는 손님들에게 상품 설명하는 데 혈안이 되었지만 나는 그렇게 하지 않았다.

"멀리서 오셨는데 시원한 음료수 한 병 드세요."

"고맙습니다. 근데 물건 설명은 안 하시나요?"

"사장님이 척 보면 딱이잖아요. 쓸데없이 시간 낭비할 필요가 있겠습니까?"

"그거야 그렇지만 그래도 하나라도 더 팔려면 이것저것 설명을 해줘야죠."

"꼭 필요하다고 생각될 때는 그렇게 하고 있기는 합니다. 오늘은 사장님과 편하게 대화를 하고 싶습니다. 요즘 어떤 가방 많이 파시는지 궁금합니다."

손님과 격의 없이 대화를 나누면서 정보를 얻으려고 노력했다. 그러면 손님은 자연스럽게 어떤 상품이 많이 나가고 있다거나 어떤 상품을 만들면 잘 팔릴 것 같다고 말해준다. 그런 고급 정보는 쉽게 얻을 수 있는 게 아니다.

홍대에서 큰 매장을 운영하는 사장님이 내 매장에 찾아와서 함께 차를 마신 적이 있다. 그분과 요즘 장사 이야기를 나누다가 요즘 어떤 상품이 잘 가는지를 묻자 선뜻 그에 대해 말해주었다. 그 정보를 바탕으로 상품을 제작한 후 홍대의 다른 가게와 홍대 스타일의 쇼핑몰에 샘플을 뿌렸더니, 엄청나게 많은 주문이 들어왔다. 대구의 손님이 오면 또 이런 식으로 정보를 얻고 나서 그에 맞게 상품을 제작하여 대구와 지방 쇼핑몰에 판매를 해왔다. 그러자 제품들은 재고 걱정 없이 나오는 족족 다 팔려나갔다.

계속해서 많은 물량을 제조하다 보니까 제조 인프라를 굉장히 많이 확보하게 되었다. 남들과 다르게 우리 브랜드로 론칭하여 많은 물량을 받쳐줄 수 있는 동대문 기반으로 해서 제조 도매를 하다 보니 생산 수량이 많아지게 되었다. OEM(original equipment manufacturing, 주문자 상표 부착 생산) 하청 공장이 우리 회사 물건만 생산하기에 바빠지게 되었다. 그래서 현재 우리 회사 물건만 10년 이상 만들어 주는 하청 OEM 공장 사장님들 여러 명이 생겨났다. 이제 하청 공장은 곧 우리 회사의 자체 공장이나 다름이 없다.

차츰 물량이 많아지다 보니까 어느 순간 제조하는 공장 사장님들이 나한테 일을 달라고 기대기 시작했다. 처음에는 좀 부담스럽게 생각했다. 하지만 이제는 물건을 만들어서 파는 게 아니라 내가 하청 공장의 물건을 만들어 주는 OEM 영업을 하게 되었다.

예상밖에 굉장히 많은 곳에서 물건을 만들어달라는 요청을 주었다. 만족스러운 품질의 제품을 만들어내는 OEM 업체가 많지 않았기 때문이다. 하루는 대기업 LG패션에서 우리 회사에 콜을 보내줬는데 갑자기 물량이 너무 어마어마해졌다. 당시 개인사업자로 혼자 하고 있었는데 세금도 많이 나가고 감당이 안 되니까 법인을 만들고 나서 전문적으로 제품을 만드는 팀을 꾸리다가 별도의 제조사업부를 만들었다.

PART 3

앨리스마샤의
탄생과 브랜딩

에이랜드 주문으로 탄생한 브랜드 '앨리스마샤'

패션이라는 카테고리에는 의류를 비롯해 가방, 신발, 액세서리가 포함된다. 이 가운데에서 내가 가방으로 사업을 택한 것은 참으로 잘한 일이라고 생각하고 있다. 가방이라는 아이템 분야가 굉장히 매력이 있는 포인트가 있기 때문이다.

실제 판매를 할 때 의류는 시즌이 너무 빠르다. 봄 여름 가을 겨울이 있는데 그 안에 화사한 원피스가 있고, 수영복이 있고, 두꺼운 롱패딩이 있어서 아이템이 굉장히 많이 세분화된다. 더욱이 유행 속도가 너무 빠르니까 SS(봄 여름) 신상품을 준비해서 판매해야지 하면 FW(가을 겨울)가 돼버린다. 이래서 의류가 시장에서 수요가 엄청나게 많기에 매력이 있는 것이 사실이지만, 재고 때문에 굉장히 사업하기 어렵다.

가방은 다르다. 가방은 봄 여름과 가을 겨울 두 시즌밖에 없다. 옷이 빠르게 유행이 바뀌는 것에 비해 가방은 유행이 2~3년 동안 오래 간다. 그래서 가방 사업이 안정성이 있어서 괜찮다고 본다. 그렇다고 해서 의류 하는 분들이 가방을 쉽게 할 수 있는 게 아니다. 막상 가방을 시작한 의류 사업가들은 무척이나 애를 먹고 힘들어하는 것을 자주 봐왔다. 사실 나 역시 가방만 오래 하다 보니 의류 분야에 진입하기가 무척이나 어렵다.

한눈팔지 않고 가방에만 집중하다 보니, 어느새 많은 물량 주문이 밀물듯이 들어 왔다. 그런데 우리 브랜드로 시장에서 팔리는 게 아니라 다른 브랜드로 팔리고 있었다. 주위의 매장에서 다른 브랜드로 우리 제품들이 팔리고 있는 걸 보니 너무나 부러웠다. 더욱이 내가 2만7천 원에 납품한 제품을 택(Tag)갈이를 해서 무려 27만 원에 판매하고 있었다. 우리 제품을 납품받은 매장은 단지 라벨만 바꿔서 엄청나게 돈을 벌었다. 그런데도 자꾸 불량이라고 꼬투리를 잡으면서 결제를 깎으려고 했다.

그때까지 브랜드 사업을 하는 방법을 몰랐었다. 그랬던 나는 결심을 했다.

'이거 완전 '재주는 곰이 넘고 돈은 왕서방이 받는다'네. 이럴 거면 내가 브랜드를 만들어 버려야겠다.'

브랜드를 만들기 위해 조그만 사무실을 구했다. 그 사무실은 정말 말도 안 되는 허름한 곳으로 동대문 신발상가 뒤편에 있는 완구시장 4층, 아저씨들이 취미로 바둑 두는 공간의 한 귀퉁이에 칸막이만 쳐놓은 것이다. 그것도 월세 30만 원에 계약을 했다. 이곳에서 포토샵을 해가면서 브랜드를 만들어 온라인으로 먼저 판매를 시작했다.

이때, 여자 직원을 한 명 채용했다. 동대문 남평화시장 운영 시간이 밤 12시에서 낮 12시까지였는데, 나는 새벽에 장사를 하고 나서 오전에 여자 직원이 출근하면 같이 일을 하다가 낮에 매장 문을 닫았다. 그러면 밥을 먹고 잠시 눈을 붙이고 나서, 완구시장 4층의 사무실로 가서 온라인 사업을 했다. 매일 같이 매장과 사무실을 오고 가는 일이 반복되었다.

재밌게도 온라인에서 잘 팔리는 제품은 우리 제품이었다. 온라인 거래처들이 우리 제품을 떼다가 비싸게 팔고 있었는데 모두 상표가 에바다였다. 당시 가장 유명한 온라인 판매 채널이 위메프, 쿠팡, 티켓몬스터였고 옥션, 지마켓은 지고 있었다. 3대 소셜 커머스가 온라인 시장을 잡아먹고 있었는데 위메프가 1등이고 쿠팡이 3등이었다. 하루는 티켓몬스터의 MD가 동대문 시장에 와서 시장 조사를 하다가 저희 매장을 들러 흥미로운 말을 했다.

"와, 이거 잘 팔리는 그곳 물건이네."

그러곤 MD가 물건을 떼다 파는 손님을 이야기를 해주었다. 이때, 명함을 받았고 그 MD에게 연락을 해서 딜을 했다.

"사실 내가 그 물건을 도매로 공급하는 사람입니다. 앞으로 직접 온라인으로 판매하고 싶습니다."

이 뒤로 우리 물건을 소셜커머스 티켓몬스터에서 온라인 판매를 시작했다. 역시나 판매가 잘 되었는데 왜냐하면 똑같은 상품인데 가격이 쌌기 때문이다.

지금은 무신사나 더블유컨셉트, 29cm 같은 디자이너 편집숍에 들어가는 것이 온라인 브랜드의 목표이지만 당시에는 브랜드를 하고 싶은 사람의 필수적인 편집숍이 에이랜드였다. 그곳은 디자이너 브랜드의 성지와 같은 곳이었다. 오프라인 공간이 한정되다 보니 그만큼 그곳에 물건을 선보이기가 힘들었고 아무 제품이나 들어가지 못했다. 그런데 그곳에서 연락이 왔다.

"사장님, 물건 괜찮던데 우리가 팔아 봐도 되겠습니까?"

온라인에서 내가 만든 가방이 잘 팔리는 것을 확인한 에이랜드에서 콜을 보내온 것이다. 이때까지 우리 제품은 에바다라는 브랜드로 팔리고 있었다. 그런데 편집숍에 입점하기 위해서는 정식 브랜드가 필요했다. 이때, 비로소 '앨리스마샤(Alicemartha)'가 탄생했다. 똑같은 에바다 가방 100개를 만들 때 20개는 앨리스마샤로 '택(Tag)갈이'해서 에이랜드 매장에서 팔았다. 이것이 2014년이다.

그러다 본격적으로 에이랜드에 우리 제품을 유통하기 시작했다. 에이랜드 편집숍은 처음엔 2~3개 매장으로 테스팅을 했다가 고객의 반응이 좋자 금방 매장을 10여 개로 늘렸다. 당시, 에이랜드 같은 편집숍으로 원더플레이스, 바인드, 컬처스타 등이 생겨났는데 다들 자본력이 있다 보니 최소 20~30개에서 최대 50~100개씩 매장을 가지고 있었다. 이들 편집숍에서 주문이 오면 모두 물건을 내주다 보니 나중에 우리 제품을 판매하는 편집숍이 130여 개로 확장이 되었다.

하루에 3개 매장이 오픈하는 일도 생겼기에 시간이 너무 부족해서, 내가 부산에 있으면 친한 친구가 대구 매장, 전주 매장을 가서 인테리어를 봐주곤 했다. 많은 편집숍을 확장한 결과, 2030 여성들 사이에서 앨리스마샤 가방은 가성비 좋은 인기 상품으로 날개 돋친 것처럼 팔려나갔다.

"상표명으로 예쁜 이름을
모두 찾아보세요."

고객분들은 이구동성으로 우리 회사의 브랜드 네임 '앨리스마샤(Alicemartha)'을 상당히 좋아한다. 세련되고 쉬우며, 소리내기 좋기 때문이다. 또한 영어로 되어 있기에 외국 거래처에서도 쉽게 알아보고 잊지 않고 잘 기억해준다. 글로벌 가방 브랜드 프라다, 구찌, 루이뷔통, 샤넬과 견주어도 손색이 없는 네임이라고 생각하고 있다. 이로 인해 일부 사람들은 앨리사마샤 이름이 전문 브랜딩 기업에서 만들어 준 것으로 생각하기도 한다. 이 브랜드 네임은 내가 직원들과 만들었다.

요즘은 소규모 패션 쇼핑몰 창업자도 브랜드 네이밍의 과정과 기법을 인지하고 있고 이를 활용하여 브랜드 이름을 짓는다. 패션 브랜드 네이밍 과정과 기법은 간략히 살펴보면, 이렇다.

1. 무엇을 표현할지에 대한 전략 수립

2. 연상되는 다양한 단어 수집

3. 수집한 단어로 브랜드 네임 짓기

4. 상표등록이 되는지 체크

5. 상표등록이 되는 것 중에서 하나 선택

이러한 네이밍 과정과 기법은 지금의 이브아이앤씨(EV Inc)의 관련 전문가 직원들과 함께 적극적으로 활용하고 있다. 앨리스마샤 이후에 탄생한 거의 모든 브랜드가 이 기법으로 더 체계적인 과정을 걸쳐서 만들어졌다.

앨리스마샤 브랜드 네임을 만들 때는 사장인 나와 판매직원 몇 명밖에 없었기에, 네이밍 기법을 사용한다는 생각 자체가 없었다. 단지 그간 동대문에서 장사를 해온 내 경력을 통해 순발력 있게 이름을 지어냈다. 이때, 네이밍 기법에서 빠뜨릴 수 없는 상표등록에 초점을 맞췄다. 아무리 멋진 이름을 만들었어도 상표등록이 안 되면 말짱 도루묵이기 때문이었다.

"상표등록 출원이 가능하고 또 도메인을 무료로 만들 수 있는 것에서 찾아봅시다. 고객층이 2030 여성분들이니까 예쁜 이름을 모조리 찾아보세요."

상표명을 정할 때 제일 중요하게 생각하는 게 상표 등록 출원을 낼 수 있느냐, 그리고 도메인을 만들 수 있느냐였다. 도메인의 경우, 요즘에는 kr이 유행인데 당시에는 닷컴과 co.kr이 제일 중요했기에 닷컴과 co.kr으로 만들 수 있는 것을 찾기로 했다.

한 여성 직원이 볼멘소리를 냈다.

"사장님, 예쁜 이름을 찾아보라고 하면 너무 방대한 것 같습니다. 어디서부터 찾아야 할지 막막해요."

"우리나라를 포함해서 영어, 프랑스어, 이탈리어 등 전 세계의 예쁜 단어를 모두 찾아보세요."

나 역시 막막했지만, 할 수 있는 말이 이것밖에 없었다. 이로부터 나와 직원들은 매장에서는 물론 그리고 퇴근해서도 예쁜 단어 찾기에 집중했다. 그러다 회의 때, 한 여성 직원이 예쁜 영어 단어들을 찾아냈다면서 주르르 읊었다.

"제니, 루시아, 소피아. 에밀리, 에일리 … 앨리스. 에리카, 에스더…"

"어, 앨리스 어감이 좋은데."

막상 인터넷으로 검색해보니, 앨리스(Alice) 이름을 단 제품, 가게 이름이 부지기수로 나왔다. 보나 마나 상표등록이 이미 되어 있을 것이므로 포기였다. 다른 단어를 찾아보았다. 예쁜 영어 단어들이 상당히 많이 나왔다. 그중에서 '마샤(Martha)'가 제일 마음에 들었다. 아쉽게도 이 역시 상표등록 출원이 불가했다. 차선으로 선택한 다른 단어들도 이미 상표등록이 되어 있었다.

아무런 소득 없이 긴 회의 시간이 흐르면서 지쳐갈 때였다. 묘안을 생각해냈다.

"앨리스와 마샤 단어를 합쳐봐야겠어요. 앨리스 뜻이 '고귀한'이고 마샤 뜻이 '귀부인'이니까 합치면 '고귀한 귀부인'인데 느낌이 좋지 않습니까? 한번 앨리스마샤가 상표등록이 되었는지, 그리고 도메인이 있는지 확인해보세요."

직원이 기쁜 소식을 전해주었다.

"사장님, 앨리스마샤는 상표등록이 가능하며, 닷컴 도메인을 만들 수 있습니다."

직원들과 나는 쾌재를 불렀다. 상표등록은 매우 중요한 사안이었으므로 나는 직접 키프리스에 접속하여 확인해봤다. 상표등록을 할 때 의류는 25류에서, 가방은 18류에서 등록을 하므로 18류에서 같은 이름이 나오는지 꼼꼼히 체크해 봤는데 나오지 않았다. 정식으로 앨리스마샤(Alicemartha)를 상표등록 출원을 할 수 있었고 또 현재 앨리스마샤 홈페이지(https://alicemartha.com/)의 도메인을 사용할 수 있었다.

지금의 이브이아이앤씨에서는 브랜드를 만들 때 네이밍 기법을 체계적으로 활용하고 또 스토리텔링으로 색깔을 입히고 차별화된 아이덴티티를 부여하고 있다. 그다음 로고 등 디자인 작업을 한다. 그런데 당시에는 내게 그런 여건이 되어 있지 못했다. 하루빨리 브랜드명이 만들어져서 정식 상표등록이 되어야 에이랜드의 주문을 맞출 수 있었기에 속전속결로 브랜드 네이밍을 했다. 결과적으로 네이밍은 성공적이었다.

에이랜드에 진열한 다른 디자이너 가방의 브랜드 이름처럼 세련되었고, 쉽게 기억할 수 있어서 반응이 무척 좋았다. 에이랜드 관계자가 쌍수 들어 반겼다.

"와, 가방 제품도 좋은 데다가 브랜드명도 멋진데요. 고객분들에게 사랑받을 것 같습니다."

"브랜드 네이밍 기초도 모른 채로 가방 사업을 한다는 게 말이 됩니까? 그러고도 가방 사업이 잘될 거라고 생각하셨나요?"

누군가 이런 질문을 해올지 모르겠다. 물론, 네이밍 하는 방법을 제대로 숙지하고 가방 브랜드를 만드는 것이 중요하다는 것을 안다. 또 가능하다면 그렇게 하는 게 낫다고 본다. 당시 그것은 내 능력을 벗어나는 일이었다.

그렇지만 말하고 싶다. 회사 회의실에서 번듯한 브랜드명만 만들면 뭣하냐는 것이다. 브랜드명도 결국에 제품이 잘 팔릴 때만 의미가 있지 않을까? 이름만 잘 지어놓으면 저절로 가방이 알아서 척척 팔려나가지 않는다. 그래서 수많은 패션 쇼핑몰 창업자들이 근사한 이름을 지은 제품을 내놓기만 할 뿐 판매가 잘되지 않아서 사라지는 일이 비일비재하다.

나는 브랜드 네이밍에 초보일지 모르지만 글자의 크기 배열로 세련된 브랜드 네임을 만들 줄 알았다. 이것은 어떤 가방 디자인이 잘 팔릴 수 있을지를 파악하는 감각과 비슷한 능력이다. 또한 잘 팔리는 상품에 대한 준비가 철저히 되어 있었다. 동대문에서 수많은 종류의 가방을 만들어서 대량으로 팔아왔고, 또 전국에 판매 채널을 보유하고 있었다. 어떤 이름을 달더라도 내놓기만 하면 온·오프라인에서 날개 돋친 듯이 제품이 팔려나가게 할 능력이 있었다.

아무리 브랜드 네이밍을 멋지게 해서 상품을 만들어 놔도 결국 판매를 못하면 그것은 브랜드가 아니며, 사업도 아니다. 브랜드명이 중요하다며 브랜드명 짓는 것에만 초점을 맞추면서, 브랜드명이 멋있고 제품 사진이 잘 나왔으니까 만반의 사업 준비가 되었다고 착각하지 말아야 한다. 제품의 판매 채널을 확보하지 못하고, 제품을 많이 팔아온 능력이 부재하다면 공들여서 지은 브랜드 네임의 의미가 퇴색하고 만다.

브랜드와 동대문 중간에 브랜드 포지셔닝

앨리스마샤가 올해(2024년)에 10주년이 된다. 처음 앨리스마샤 브랜드 제품을 출시한 지가 엊그제 같은데 빠르게 세월이 흘렀다. 그동안 신생 가방 업체들이 우후죽순처럼 생겨났는데 10년 동안 살아남은 브랜드가 많이 없다. 대부분 잊히거나 사라졌다. 잠깐 1~2년 반짝 올라왔다가 갑자기 하락 곡선을 그리면서 소비자의 눈에서 사라진 브랜드가 굉장히 많다.

패션 업계에서 10년간 살아남았다는 것은 결코 우연이 아니다. 남다른 비결이 있었기에 살아남았고, 또 그래서 앞으로도 지속적인 성장이 점쳐진다. 앨리스마샤는 '디자이너 브랜드' 1세대로 자리매김이 되었는데, 이것이 계속해서 가방 업계 중상위권을 유지하게 만드는 원동력이지 않나 생각한다.

동대문에서 성공한 '디자이너 브랜드'가 나오기 쉬운 게 아니다. 그동안 내가 동대문에서 팔아온 물건들은 모두 싸구려 혹은 짝퉁과 같은 삼류 이미지를 벗어나기 힘들었다. 동대문 제품이 디자이너 브랜드가 되어 꾸준히 판매되기 위해서는 남다른 브랜드 포지셔닝 전략이 요구되었다. 이를 한 줄로 정리하면 이렇다.

'앨리스 마샤 브랜드를 백화점과 동대문 중간에 포지셔닝하기'

우리나라의 백화점에 있는 가방 브랜드들은 거의 다 가죽이고, 최소 20만 원에서 30~40만 원 정도 한다. 이것이 소위 '백화점 브랜드'이다. 높은 가격대의 백화점 브랜드로는 백화점 3대 백인 메트로시티, 루이카또즈, MCM이 유명하다. 백화점 브랜드의 경우, 중하위권의 제품인 만다리나덕도 가격대가 20만 원 이상이다.

10여 년 전만하더라도 가방 디자이너 브랜드가 없었다. 예전에는 '디자이너 가방'이라는 표현 자체가 없었다. 우리나라에서는 그런 말을 거의 사용하지 않았다. 소비자가 가방을 구입하려고 네이버에 접속할 때, 디자이너 가방이 아니라 가방 쇼핑몰이 검색어에 많이 올라가 있었다. 그나마 동대문에서 사입해서 가방 전문 쇼핑몰들이 판매하는 제품이 약간 디자이너 가방 브랜드 같은 느낌이었다.

내가 동대문에서 팔고 있는 물건들 소위 동대문 제품은 브랜드라는 개념이 아예 없는 싸구려 제품이었다. 당시, 동대문에 있는 모든 가방매장에서는 기존의 관행대로 별도의 브랜드가 없이 몇만 원대로 싸게 가방을 판매하고 있었다.

가방 시장은 백화점 브랜드의 고가 라인과 동대문의 저가 라인으로 양분되어 있었다. 이는 곧 10만 원 이하의 중저가 디자이너 가방 브랜드가 없었다는 것이었다. 이것을 간파해낸 나는 에이랜드 편집숍에서 주문을 요청받아 앨리스마샤 브랜드를 만들 때 중저가 가격대를 붙였다.

'백화점 브랜드가 주머니가 가벼운 젊은 여성분들이 구매하기에는 부담이 되지. 그렇다고 편집숍에서 앨리스마샤 브랜드를 단제품을 동대문 제품처럼 싸게 판매해도 안 되겠지. 가격이 너무 싸면 제품 품질을 낮춰서 볼 수 있어. 그렇담, 가격을 중저가로 해서 백화점과 동대문 중간에 앨리스마샤 브랜드를 포지셔닝하자.'

그 결과는 대성공이었다. 디자이너 브랜드의 편집숍이라는 슬로건을 내건 에이랜드에서 선풍적인 인기를 얻었다. 이를 계기로 얼마 뒤에 앨리스마샤 가방은 백화점에까지 입점하게 되었다. 앨리스마샤가 크게 히트를 하자, 우리와 비슷한 브랜드가 많이 생기기도 했다. 앨리스마샤는 디자이너 가방 브랜드 1세대가 되었다.

앨리스마샤 브랜드를 중저가에 포지셔닝할 때 빠뜨릴 수 없는 중요한 요소가 디자인이다. 가격대가 중저가이면서도 디자이너 브랜드에 걸맞는 디자인이 나와야 한다. 그래야 중저가의 디자이너 브랜드 제품의 브랜딩이 완성된다. 쉽게 말해 중저가 가격대를 붙이기만 하면 모든 제품이 잘 나가는 게 아니며, 디자이너 브랜드에 이름 값하는 디자인이 중요하다는 말이다.

애초에 나는 디자인 감각이랄지 디자인하는 능력이 전무했다. 그런데도 어떻게 앨리스마샤가 편집숍은 물론 나중에 백화점까지 입점하는 디자이너 브랜드의 디자인으로 가치를 인정받게 되었을까? 핵심 포인트는 동대문에서 도매로 반응을 보고, 좋은 반응이 나오는 가방을 리뉴얼하고 앨리스마샤 브랜드로 생산했다는 것이다.

동대문에서 앨리스마샤를 론칭할 때, 나는 신상 가방을 평균적으로 하루에 한 개씩 만들었다. 거의 매일 가방을 만들었다고 볼 수 있다. 당시에는 내가 운영하는 하청 공장이 7곳인데 일주일마다 샘플 하나씩 만들어 주었다. 일주일에 7개씩 신상품을 만들려면 그만큼 디자인을 하는 데에 많은 내공이 있어야 한다. 그런데 나는 신상품 디자인을 손잡이만 빼거나, 원단을 바꾸는 등 기존 제품을 커닝하고 변형하는 식으로 '기술적'으로 했다.

따라서 하청공장에 에프엠대로 신상 디자인이 전달되는 경우가 드물었다. 대체로 이런 식이었다.

"사장님, 보내준 사진에 나온 가방에서 손잡이만 없애주시면 됩니다."

"카톡 보셨지요? 내가 대충 가방을 그려봤는데요 보내드린 샘플을 참고하시면 됩니다."

"저번 주에 나온 신상 샘플 좋던데요. 이번에는 원단을 다른 걸로 바꿔서 만들어 주세요."

매일 같이 나오는 신상 샘플은 어떻게 감당했을까? 내 매장은 전국 각지에 온라인과 오프라인의 고객을 가지고 있었고, 매일같이 고객들이 찾아왔다. 어느 날부터인가 내 매장에서는 여러 명의 고객들과 함께 신상 품평회가 열렸다.

품평회를 할 때, 7개의 샘플 가운데 홍대에서 매장을 크게 운영하시는 분이 2번째 샘플을 마음에 들어 하시면 그 상품이 생산에 들어갔다. 고객이 그 제품을 최소 20~30개 팔아줄 것이기 때문에, 판매에 대한 확신을 갖고 30~50개 정도 테스팅용으로 원단만 바뀌고 느낌은 비슷하게 하는 식으로 조그만 리뉴얼해서 앨리스마샤로 출시를 했다.

당시, 생산할 때 초도 물량이 100피스 단위였다. 따라서 한 장도 못 팔면 100피스가 재고로 남는다. 그런데 나의 경우 매장에 찾아온 눈썰미 좋은 도매 고객이 수십 개를 선 주문을 했고, 그 장사 수완 좋은 도매상을 믿고 일부를 변형하여 앨리스마샤로 판매를 했다. 그러자 100피스는 금방 팔릴 뿐만 아니라 200피스, 300피스 계속 주문이 들어왔고 돈을 벌게 되었다. 이런 식으로 도매상이 초이스한 상품은 기존의 상표 에바다로 팔고, 또 그 제품을 내가 초이스하고 조금 리뉴얼하여 앨리스마샤로 팔았다. 판매 루트가 2개 만들어진 것이다. 따라서 판매 걱정이 확연히 줄어들었기에 매일같이 나오는 신상 샘플을 잘 활용할 수 있었다.

앨리사마샤가 디자이너 브랜드로서 인정받고 잘 팔리는 디자인을 탑재할 수 있었던 비결은 전국 각지에 몰려든 고객들이 품평회에서 초이스를 한 것만을 일부 리뉴얼했기 때문이다. 검증된 디자인의 제품만 출시했는데, 역시나 소비자들에게 직접 가방을 판매해온 유능한 판매상들의 제품 디자인을 보는 안목은 정확했다. 디자이너 브랜드로서 앨리스마샤가 편집숍에 입점했을 때, 그리고 나중에 유명 백화점에 입점했을 때, 고객들은 가격은 가격대로 디자인은 디자인 대로에 매우 만족스러워했다.

백화점 입점으로
'브랜드 파워' 업!

　나의 철칙 중 하나는 '많이 보이면 브랜드가 된다'는 것이다. 이에 근거하여 앨리스마샤는 전국의 편집숍에 많이 노출을 시켰다. 그럼에 따라 소비자들은 앨리스마샤 브랜드를 기억하게 되었고, 인터넷을 검색해보면 소비자들이 앨리스마샤를 언급하는 것을 많이 찾아볼 수 있었다. 당연히 판매량이 크게 늘어났다. 점차 앨리스마샤는 디자이너 브랜드로 자리를 잡아가게 되었다.

　브랜딩 차원에서 제품을 많이 노출하는 것을 대수롭지 않게 여기는 분들을 간혹 접하게 된다. 수십만 명에서 수백만 명 단위의 팔로워를 거느린 일부 인플루언서는 가방을 만들면 팔로워가 다 사줄 거라고 착각을 한다. 어느 날 갑자기 제품 사진을 올리고 사주세요라고 하는데 그 결과는 참혹하다. 판매가 잘 되는 경우가 없다. 이와 달리 일부 인플루언서는 오랜 시간 공을 들여서 제품을 자연스럽게 노출을 시킨다. 제품 기획, 디자인, 제조 과정 등을 일상의 모습과 더불어 자연스럽게 가방을 공개하므로 팔로워들의 거부감이 없다. 수없이 보아온 가방에 팔로워들이 호감을 갖고 많이 구매하게 된다.

노출의 효과는 '에펠탑 효과(Eiffel Tower effect)'라는 심리학 법칙으로 입증이 된다. 이것은 '처음에는 싫어하거나 무관심했지만 대상에 대한 반복 노출이 거듭될수록 호감도가 증가하는 현상'을 말한다. 이에 근거하여 광고회사는 매일 같이 광고 노출을 반복함으로써 제품에 대한 인지도와 친근감을 높여서 판매를 유도하고 있다.

많이 노출이 되면 그만큼 인지도가 높아짐으로 브랜드 파워가 강력해진다. 그래서 에이랜드를 따라 하는 편집매장으로 컬처스타, 바인드 등이 생기면서 우리에게 러브콜을 보냈는데 앨리스마샤를 다 뿌려주었다. 오프라인 매장이 빠르게 확장해가고 있었을 때 온라인에서도 노출을 통한 브랜딩을 고민하게 되었다.

네이버 검색을 해보면, 앨리스마샤는 소셜커머스나 오픈마켓의 제품 꼬리표가 달려 있었다. 당시, 가방을 네이버에서 검색하면 파워링크 광고가 뜨기 전에 가격 비교라고 해서 11번가, CJ몰, AK 백화점, 신세계 백화점 등 백화점 몰의 가격이 뜨는 창이 있었다. 지금은 네이버에서 원하는 가방 종류를 검색하면, 파워링크 오른쪽에 '내 또래가 주목하는 브랜드' 메뉴가 나오며, 컨템포러리 브랜드, 디자이너 브랜드, SPA 브랜드, 백화점 브랜드, 럭셔리 브랜드가 가격과 함께 소개되고 있다.

당시, 내 눈에는 '백화점 브랜드'가 들어왔다.

'편집숍은 할 만큼 했다. 이제는 더 고급스럽게 보이도록 백화점에 입점을 시켜야겠다. 소비자가 검색을 했을 때 백화점에 입점된 제품으로 나온다면 상당히 평판이 좋아질 것이다. 앞으로는 백화점 브랜드로 노출을 시키자.'

신세계백화점에 노크를 했다. 역시나 콧대 높은 백화점 온라인몰 관계자가 쉽게 미팅 약속을 잡아주지 않았다. 이때, 기지를 발휘했다.

"온라인몰에서 판매하는 **가방있잖아요. 그거 우리가 납품하는 거래처 제품입니다. 지금 **가방이 신세계백화점 온라인몰에 입점되어서 많이 판매되고 있더라구요."

"정말요? 그 제품을 들고 와보세요."

속으로 쾌재를 부른 나는 잘 보이려고 흰색 운동화를 샀다. 미팅 날에 비가 많이 내렸다. 검정 대봉에 가방을 담아서 버스를 타고 미팅 장소를 갔는데 새 신발을 신다 보니까 뒤꿈치가 까였다. 그게 빗물에 번져서 신발 뒤꿈치 쪽이 핏물로 흥건하게 젖은 것처럼 보였다.

다른 사람 같으면 낭패라고 생각할지 모르겠지만 나는 내 모습이 성실하게 보일 것이라고 긍정적으로 생각했다. 미팅을 할 때, 관계자 앞에 가서 신발에 묻은 피를 보여주고 나서 비에 젖은 대봉에서 가방을 꺼낸 후, 절실하게 설명했다.

반응이 왔다. 아직도 기억하는 장 ** 과장님이 한 마디했다.

"너 입점을 안 시켜주면 안 될 것 같다. 근데 매출이 성적표니까 열심히 하렴."

그날 이 말만 듣고 나왔고, 이후로 신세계백화점 온라인몰에 앨리스마샤가 입점되었다. 예상을 안 한 것은 아니지만 실제로 그곳에서 크게 매출이 일어나지는 않았다. 그렇지만 백화점 제품이라는 큰 수확을 거두었다. 참으로 뿌듯했다. 지금은 오픈마켓과 백화점이 연동이 잘되어서 11번가나 G마켓에만 제품을 올려도 백화점 제품으로 등록이 된다. 하지만 그때에는 백화점에 입점하는 것은 신생 중소 가방업체로서는 하늘의 별 따기처럼 어려웠다.

시간이 흘러, 소비자들이 네이버에서 우리 제품을 검색할 때 백화점에 입점이 된 소위 '백화점 브랜드'로서 앨리스마샤를 높게 평가해주었다. 백화점 제품이라는 상징성이 매우 컸다.

동대문에서는 물건을 하나 만들면 많은 사람들에게 보여주려고 화려하게 디스플레이를 한다. 동대문에서는 많이 노출해서 많이 팔리면 이때 비로소 브랜드가 된다. 그런데 물건을 만들어 놓고 많은 사람들에게 보여주려고 노력을 했던 나는 동대문의 다른 매장과 달랐다. 나는 잘 나가는 상품을 소비자에게 많이 보이면 이때 비로소 브랜드가 된다고 생각했다. 그래서 잘 판매되는 상품을 오프라인 편집숍에 많이 깔아놓았다. 이와 더불어 온라인상의 오픈마켓, 소셜커머스에도 노출을 많이 시켰다.

그런데 유독 백화점에만 입점이 안 되고 있었는데 결국 그것을 해냈다. 이것이 티핑 포인트(tipping point)가 되어 주었고, 백화점 제품으로 인식이 되면서 앨리스마샤는 강력한 브랜드 파워를 갖게 되었다. 소비자들은 앨리스마샤 하면 백화점 브랜드로 봐주기 시작했다. 그러자 온라인과 오프라인에서 전체적인 판매가 급등하기 시작했는데 이것이 오프라인 백화점에 앨리스마샤 매장이 입점하는 성과로 이어졌다.

백화점 제품이라는 브랜드 파워를 가지고 앨리스마샤가 전국적으로 인기를 얻던 어느 날이다. 중국 보따리상이 우리 제품을 휩쓸어 가기 시작했다. 명동을 비롯해 수도권을 돌면서 앨리스마샤 가방을 대량으로 구매해갔다. 그러면서 계속 물량을 달라고 요청을 해왔다. 만드는 데 시간이 걸리다 보니 자꾸 납품이 지체가 되었는데 이게 한 달간 이어졌다. 그러다가 전국 매장에서 앨리스마샤 가방이 품절 대란이 발생했다.

지금은 출시되지 않은 상품에 대해 미리 주문을 넣는 '사전주문인 프리오더(PRE-ORDER)'가 상용화되고 있어서, 물건이 없어도 주문을 받은 후 물건을 배송하면 된다. 당시에는 그런 개념이 없었기에 물건이 없어서 계속 손님을 돌려보낼 수밖에 없었다.

이 시기에 브랜드 앨리스마샤 제품이 엄청난 매출고를 올려주었다. B2B 공급가의 위탁 판매였기에 판매분의 매출이 50억 원 정도로 나왔다. 실제 가용 물량 기준으로 보면 200~300억 원 매출고를 올렸다.

백화점 매장 확장의 시행착오

신세계 백화점에 입점을 하고 난 후, 단기간에 여러 백화점에서 많은 매장을 오픈했다. 직진을 너무 좋아하는 나는 대기업에서도 못할 정도로 빠르게 매장을 확대해나갔다. 나에게는 얼마든지 막대한 물량을 생산할 능력을 가지고 있었기에 날이 갈수록 매장을 늘려갔다. 앨리스마샤가 전국적으로 여러 백화점 매장에 입점되어 갈 때, 지도를 검색해보니 수십 개의 매장이 나와서 상당히 볼륨업은 되어 보였다. 이때, 앨리스마샤에 대한 기사와 방송이 많이 나왔기에 이 정도면 유명 브랜드가 되었다고 봤다. 앨리스마샤는 2030 여성이라면 누구나 기억하는 브랜드가 되었다.

지금은 그렇지 않을 테지만 당시에는 백화점 매장에서 입점 제
안이 들어올 때 너무 좋았다. 한번은 롯데백화점에서 갑자기 연락
이 와서 미팅을 요청해왔다. 지금의 이브이아이앤씨의 본부장과
함께 그곳을 찾아갔다. 본부장은 우리 회사에서 제일 오래 일한 분
인데 동대문에서부터 알던 동생이다.

롯데 백화점 본사에 가보니, 높은 직함을 가진 분들이 와있었다.
그날 그 자리는 다른 회사에서도 참가했다. 그러니까 롯데에서 여
러 회사 가방 품평회를 연 것이다. 다른 회사에서 온 분들이 먼저
가방을 바닥에 깔아놓고 설명을 했고, 나는 차례를 기다렸다. 나는
전혀 긴장이 되지 않았기에 스마트폰으로 게임을 했다. 그런 나를
보고 본부장이 왜 떨지 않느냐며 뭐라고 했지만, 나는 웃으며 별로
신경을 안 쓴다고 했다.

내 차례가 왔다. 바닥에 깔아놓은 가방 하나하나를 세세하게 설
명하는 것과 함께 자랑했다.

"편집숍에서 엄청 잘 나가는 디자이너 브랜드입니다. 최근에는
신세계 백화점에도 입점해서 백화점 브랜드로 알려져서 고객들의
반응이 매우 뜨겁습니다."

본사 관계자가 입점 요청을 했다.

"의정부역에 있는 롯데아울렛 매장에 입점하세요."

롯데 백화점 매장 1호가 오픈되었다. 하지만 처음 그곳을 찾아 간 나는 실망이 이만저만이 아니었다. 그곳은 다른 브랜드들이 입점을 꺼려하는 죽은 상권이었다. 잘못하다가는 인테리어 비용, 인건비 등 투자 비용만 날릴 수 있었다.

그런데 이곳에서 나름 선전을 했다. 당시에는 백화점이나 아울렛의 가방 브랜드 하면 메트로시티, 루이까또즈. MCM 같은 브랜드들이 있었는데 평균 가격대가 20~40만 원이었다. 앨리스마샤 매장 주위에 있는 매장에서 그 가격으로 가방을 팔고 있었다. 우리 매장에서 10만 원 이하의 브랜드를 판매하자, 상당히 소비자의 반응이 좋았다. 가격은 싸면서도 디자인이 좋고 그러면서 브랜드라는 점이 소비자의 마음을 사로잡았다.

롯데백화점 본사에서 또 연락이 왔다. 이번에는 롯데백화점 바이어가 나에게 대구의 영플라자 매장에 입점해 달라고 했다. 이곳도 막상 찾아가 보니 대구 유성로 쪽에 있었는데 죽은 상권이었다. 이번에도 나한테 장사 잘되는 상권에 있는 매장을 내준 게 아니었다. 이런 식으로 안 좋은 매장들만 연이어 5개를 오픈했다. 매장이 늘어난 것은 좋은 일이지만 잘 판매가 될지 좀 걱정이 되었다. 그렇지만 어느 매장에서나 앨리스마샤는 중저가 브랜드로서 고객의 사랑을 받았다.

그런 어느 날은 신세계 백화점에서 연락이 와서 부산의 센텀시티 매장을 내줬다. 이번 매장은 대형 매장이고 매우 좋은 상권이었다. 이곳에 매장이 오픈하자 제품이 잘 팔려나갔다. 그러자 연이어 롯데백화점과 현대백화점에서 연락이 왔다. 이번에는 처음부터 나쁜 매장을 주려고 하지 않았다. 좋은 매장을 주겠다고 하면서 속칭 '껵기(끼워팔기)'를 제안했다.

"좋은 매장 하나 줄게요. 대신 상권 안 좋은 곳에 있는 매장 3개에 들어가 주셔야 합니다."

매장 확장에만 혈안이 되었던 나는 오래 고민도 하지 않고, 그것을 덥석 물었다. 이런 식으로 매장 늘리는 것에 재미를 붙이고 있었다. 매장 수가 많아지니 회사 규모가 굉장히 커진 것 같고 저절로 알아서 판매가 잘 될 줄 알았는데 그렇지 못했다. 무엇보다 안 좋은 상권의 매장은 역시나 아무리 노력해도 판매에 한계가 있었다. 따라서 껵기로 늘린 매장은 매우 효율성이 떨어져서 골칫거리가 되어갔다.

얼마 되지 않아 백화점 확대만이 능사가 아니라는 것을 깨달았다. 급속하게 매장 수가 30여 개 늘어나자 금방 문제점이 드러났다. 문제점은 외부 요인으로 생긴 게 아니라 내부 요인에 의해 생긴 '내분'이었다.

단기간에 급격하게 증가한 매장의 조직관리가 문제점으로 대두되었다. 매장을 시스템적으로 관리하지 못했으며, 또 중간 관리 매장 매니저를 구하기도 힘들었다. 경험과 노하우가 없는 상태에서 조직을 확장하다 보니 조직을 잘 세팅을 하지 못하여 조직이 삐걱대기 시작한 것이다. 하루가 멀다하고 조직 내부에 악재가 터졌다.

애초에 나에게는 매장들을 효율적으로 관리하는 프로세스가 없었다. 주먹구구식으로 동대문에서 장사를 오래 했는데, 그런 동대문 방식으로 매장을 운영 관리를 했던 것 같다. 그러다 보니까 사람들한테 많이 치였다. 급하게 담당 직원들을 세팅할 때도 동대문에서 알던 동생들로 했는데 그러다 보니 결국에는 부딪히고 관리가 안 되고 말았다.

백화점 매장은 직영 매장과 중간 관리 매장으로 이원적으로 운영이 되었다. 직영 매장은 10여 개, 중간 관리 매장은 20여 개 오픈이 되었다. 직영 매장의 경우, 대표인 내가 직접 직원을 뽑아서 운영 관리하고 수익을 다 가져간다. 장사가 잘 될 경우 직원 월급을 뺀 이익 전부가 내 것이 된다.

매장 수가 많다 보니, 모두 직영으로 운영하기가 불가능하다. 그래서 중간 관리 매장이 도입되었다. 중간 관리 매장의 경우, 매장은 앨리스마샤 대표인 내가 계약해서 관리를 하지만 별도로 뽑은 토털 매니저 한 분이 사업자로서 운영하게 하는 방식이었다. 앨리스마샤는 사업자인 토털 매니저와 상품 위탁 계약을 체결한다. 그러면 토털 매니저는 매출에 대한 수수료를 가져가며, 또 직원을 뽑고 매장을 관리하게 된다. 장사가 잘되어도 내가 가져가는 이익이 적지만 중간 관리 매니저가 운영 관리를 도맡아서 하기에 상품만 공급해주면 신경 쓸 게 없어서 좋다.

문제는 중간 관리 매장을 뒤늦게 활성화를 시켰는데 여기서 문제가 많이 터졌다. 중간 관리하는 매니저 중에는 잘하시는 분이 있지만, 못하시는 분도 있었고 또 장난치는 분이 굉장히 많았다. 나는 매니저를 컨트롤 하면서 매장을 이끌어가는 조직관리 역량이 부족했다.

또 추가할 게 있다. 당시, 심지어 나는 매장 간 상품을 옮기는 가방인 '행낭'의 개념을 숙지하지 못했었다. 이것은 한 매장에서 재고 부족시 타 매장에서 상품을 가져오는 것을 말하는데 이는 판매한 실적으로 잡아야 한다. 이것을 나중에야 배우게 되니까 매장을 확대하고 있을 때 엇박자로 꼬일 수밖에 없었다.

오프라인 매장 철수와
값비싼 교훈

불과, 2년 만에 편집숍과 백화점 매장이 전국적으로 150여 개나 오픈했다. 그렇지만 외형적으로 비치는 것과 달리 내부는 갈수록 곪아 터지고 있었다. 중간 관리 매니저와 다투는 일이 잦아짐에 따라 많은 매장 확장에 대한 회의감이 들기 시작했다. 그러던 이 시기에 설상가상으로 코로나가 닥쳐왔다.

이대로 있다가는 많은 매장의 매출 급하락으로 인해 이브이아이앤씨 존립이 위태로워질 듯했다. 많은 매장 수만큼이나 막대한 손실이 눈덩이처럼 쌓일 것이 눈에 선했다. 이때, 과감히 결정을 내렸다.

'모든 오프라인 매장을 철수하자. 그래야 코로나라는 큰 위기를

극복할 수 있다.'

빠르게 날짜를 정해서 한두 달 내에 모든 매장을 철수하기로 했다. 이때까지만 해도 큰 걱정을 더는 듯했지만 그것은 아주 잠깐이었다.

막상 날짜를 정해서 매장 철수를 감행하자 또 감당하기 힘든 문제가 닥쳐왔다. 전국 매장에서 몰려든 재고가 엄청났다. 정확히 카운팅을 못할 정도였는데 2만 5천 장에서 3만 장 가까이 창고로 몰아닥쳤다. 상품 한 개 평균 가격이 5만 원이라치면 재고가 대략 15억 원치 쌓인 것이다. 이게 다 빚더미인 셈이라서 겁이 몰려들었다.

하지만 이미 재고 소진에 대한 구상을 하고 있었다. 한 달 정도 계획을 잡았고, 일주일 동안 프로모션을 진행했는데 스타트 후 하루 이틀 만에 그 재고 전체를 한 번에 소진해냈다. 방법은 이렇다.

우선, 재고 가운데는 땡처리를 해도 안 팔릴 듯한 것들로 700개를 모은 후 매일 같이 선착순으로 100개씩 990원에 팔았다. 그다음 대대적으로 50% 세일한다는 안내 문구를 노출시킨 후, 일주일 동안 앨리스마샤 홈페이지(https://alicemartha.com/)에 회원가입을 유도했다. 그러고는 전체 상품 50% 할인이 되는 날에 동시에 990원

상품이 다시 올라갔다. 그러자 결재 알림 문자가 거의 5초에 한 번씩 왔다.

"990원이 결재되었습니다."

"2만 원이 결재되었습니다."

계속 결재되다 보니 홈페이지가 한번 마비가 되었다. 이때 수량 전체를 한 번에 할인하지 않았다. 10개를 세일로 판매해놓은 다음 모두 판매가 될 때 앵콜을 유도했는데, 이때 100개 할인을 홈페이지에 걸어놓는 방식을 취했다. 그러면 해당 상품이 전량 순식간에 다 판매되었다. 이로써 재고를 한 번에 다 털어내어 현금화했다.

요즘 패션 관련 업체들은 인스타그램 등 SNS 마케팅 광고를 할 때 트래픽 광고를 한 후, 전환 광고(구매유도)를 한다. 홈페이지 유입량을 증가시킨 후에 홈페이지에 접속한 소비자들로 하여금 회원가입, 구매를 유도하고 있다. 그런데 당시에는 나에게 그런 SNS 마케팅 지식이 없었고 누가 가르쳐주지도 않았지만, 스스로 터득하여 그 SNS 마케팅을 진행했다. 나는 유명 맛집이 오픈하기 전에 가게에 앞에 손님들 줄을 길게 세우는 것을 봐왔다. 이에 착안하여 온라인상의 앨리스마샤 홈페이지에 손님 줄 세우기를 기획한 것이었다.

코로나가 없었더라도 계속 내가 잘 버틸 수 있을지 생각하면 살짝 겁이 난다. 어쩌면 사업을 접는 최악의 사태가 발생할 수가 있지 않았나 등골이 서늘하다. 이 시기에 쓰라린 실패를 경험했고 돈을 많이 까먹었다. 하지만 이를 통해 오프라인으로 돈을 벌려면 내가 한 꼭지 더 '체계'를 갖춰야 한다는 값비싼 교훈을 얻었다.

매장을 한 개 쇼룸처럼 움직이는 것과 전국적으로 매장을 확대하여 오프라인 비즈니스를 하는 것은 차원이 다르다. 매장 한 개 잘한다고 그대로 전국 매장 오프라인 비즈니스를 하다가는 실패 가능성이 매우 높다. 그래서 오프라인 비즈니스는 적어도 몇천 억대의 중견기업과 대기업들이 많이 하고 있다. 50억 100억 200억 하는 브랜드가 오프라인 비즈니스를 확장하는 것은 가시적으로 보여주기용일 뿐 실질적으로 돈을 벌지는 못하는 경우가 많다. 아무리 수익이 있더라도 지출하는 자금이 엄청나다.

뒤늦게 깨달음을 얻는 나는 현재 국내 오프라인 비즈니스를 조심스레 접근하고 있다. 코로나가 지난 후에 인천공항 면세점, 제주공항 면세점, 부산 면세점에서 판매를 시작하고 있다. 딱 여기까지다. 국내 오프라인의 팝업스토어, 백화점은 후일을 도모하고 있다. 내가 오프라인 조직관리와 패션 전문 기업의 경영 노하우를 완전

히 숙지하는 것과, 함께 이브이아이앤씨의 회사 규모가 수천억대
로 커갈 때까지 시간을 두고 호흡을 고르고 있다.

PART 4

앨리스마샤의
성공 요소 5가지

가성비 높은
중저가 정책

처음 앨리스마샤가 론칭될 때는 가격대가 5~6만 원이었다. 지금은 원부자재비, 인건비 등 비용 인상으로 10만 원대로 인상이 되었다. 가격이 올랐음에도 불구하고 여전히 앨리스마샤는 중저가로 가격대가 포지셔닝이 되어 있다.

앞서, 언급했듯이 앨리스마샤 하면 곧 중저가 브랜드다. 이 가격이 앨리사마샤가 성공하게 된 성공 요소의 하나다. 자칫 중간에 가격을 크게 올렸다면 소비자들이 다 떠나버리고 말았을지 모른다.

토종 카페로 이디야가 유명하다. 이 카페가 론칭될 시점에 스타벅스, 커피빈, 카페베네, 엔젤리너스, 탐앤탐스, 할리스, 파스쿠치 등 쟁쟁한 카페들이 즐비했다. 이들 카페들은 고가의 커피 시장을 공략하고 있었다. 그런데 이디야는 주류 브랜드보다 1,000원 이상 저렴한 가격 정책을 세웠다. 중저가 가격을 꾸준히 고수해온 결과, 2023년에 4,000호 가까이 가맹점을 확대한 국내 대표 카페 브랜드가 되었다.

앨리스마샤 또한 일관성 있게 중저가 가격대를 고수하고 있다. 소비자들은 앨리스마샤의 중저가에 대해 만족을 표시하고 있다.

"대학생 신분에서 볼 때 실용성이 뛰어날 뿐만 아니라 부담 없는 가격입니다."

"디자이너 브랜드라서 그런지 디자인이 무척이나 세련되면서도 가격이 싸서 맘에 들어요."

중저가 브랜드라고 해서 앨리스마샤 디자인의 가치가 낮거나 회사 성장이 제한적이라고 생각하면 오산이다. 패션업계에서 세계적인 유명 브랜드로 알려진 UNIQLO(유니클로), H&M(Hennes & Mauritz), ZARA(자라), GAP(갭), Forever 21은 중저가 브랜드로 디자인이 탁월하다. 앨리스마샤 또한 앞으로 국내에 국한되지 않고 디자인이 뛰어난 패션 글로벌 기업으로 성장할 가능성이 작지 않다.

앨리스마샤가 중저가로 성공할 수 있었던 요인은 4가지다. 첫 번째, 목표 고객층을 정확하게 파악하고 이해했다. 앨리스마샤 제품을 타기팅 하는 2030 여성 고객층의 특성과 선호도를 정확히 파악했다. 그들의 소비 습관, 재정 상태, 가격에 대한 민감도, 제품에 대한 요구사항 등을 고려하여 가격 정책을 세웠다.

두 번째, 가치를 강조하는 제안을 했다. 앨리스마샤 제품의 장점과 가치를 명확하게 전달했다. 저렴한 가격에도 높은 품질, 스타일, 디자인 등의 가치를 제공한다는 메시지를 강조하여 고객들의 관심을 끌어냈다.

세 번째, 가격 투명성을 내세웠다. 고객이 제품 가격이 충분히 납득하다고 생각하게 만들어 기꺼이 돈을 지불하게 유도했다. 따라서 고객에게 앨리스마샤 제품은 고가 제품과 달리 숨어 있는 추가 비용이 없다는 점이 매력적으로 다가갔다.

네 번째, 할인 전략을 펼쳤다. 정가 그대로 판매하는 것에 안주하지 않고, 고객들이 제품 구매 결정 시 중요하게 고려하는 '세일'을 지속적으로 펼쳤다. 이로 인해 더더욱 앨리스마샤는 가격 경쟁력 우위를 점할 수 있었다.

지금은 앨리사마샤가 출시되었을 때와 시장 상황이 많이 바뀌었다. 10여 년 전만해도 국내 시장에는 국내에서 제작된 가방이 많았지만 지금은 70% 이상이 중국산이다. 30%만 국내에서 생산된다고 보면 된다. 가방은 거의 다 중국에서 떼어다 팔고 있다고 보면 된다. 그냥 중국에 가서 8천 원짜리 떼어다가 1만 2천 원에 판매하는데, 누가 그것을 보고 잘 팔린다고 생각하면 그것을 8천 원에 사입해 와서 1만 1천원으로 가격을 낮춰서 판매를 하고 있다. 이로 인해 가격만 다를 뿐 디자인이 똑같다.

전국의 가방 매장에서는 현재 70%가 중국산으로 라벨 갈이를 해서 판매하고 있다. 그러다 보니, 소비자 입장에서는 저렴한 제품을 구입할 수 있지만 제품의 디자인은 질적으로 떨어지고 있다. 그렇지만 1020 여성 소비자들은 중국산에 대한 거부감이 없다. 현재 에이블리, 지그재그 앱에서 중국 가방이 많이 팔리고 있다.

앨리스마샤는 고가 백화점 브랜드 제품과 대량 물량 공세를 펼치는 저렴한 중국 제품 사이에서 일관되게 중저가 정책을 펼치고 있다. 이는 앞으로도 계속 고수될 것이다. 국내 대표 중저가 가방 브랜드가 되는 그날까지.

탁월한 원단 소싱력과
미니멀리즘의 탄생

내가 에바다를 할 때 내놓은 가방이 크게 성공할 수 있었던 것과 앨리스마샤 가방이 크게 성공할 수 있었던 것에는 공통점이 있다. 에바다 상표의 가방은 독특하게 옷으로 쓰이는 마 도트 원단으로 만들어져서 크게 히트를 쳐서 가방 사업의 발판이 마련되었다. 그 원단은 동대문에서 난다 긴다 하는 유명 가방매장에서도 감히 생각을 못했던 것으로 매우 혁신적인 원부자재였다. 내가 앨리스마샤 브랜드를 론칭하면서 내놓은 가방이 크게 대박을 낸 것도 차별화된 원단 때문이었다. 이 원단 역시 누구나 쉽게 찾아내어 가방을 만들 수 있는 것이 아니다.

이런 점을 고려할 때, 나에게는 남에게 없는 탁월한 원단 소싱력이 있는 것이 분명하다. 예쁘게 디자인을 만드는 능력과 소비자를 사로잡는 디자인적인 감성이 나에게는 전무하다시피 하다. 가방 사업자로서는 큰 약점이 아닐 수 없다. 그런데 나에게는 타고난 차별화 원단 소싱력이 있었기에 앨리스마샤가 소비자들의 가슴을 파고들 수 있었다.

나는 생산을 직접 하다 보니 제조 공정에 대해 잘 알고 있었다. 그래서 가격 경쟁력 우위를 내세워 제품을 많이 팔기 위해서 생산 단가를 낮춰야 한다고 생각했다. 고민하는 와중에 해법을 찾았다.

'에바다가 성공한 것이 마로 된 도트 원단이듯, 앨리스마샤가 중저가로 성공하기 위해서는 제조 공정의 단가를 절감해주는 원단이 필요하다.'

원단으로 가죽 한 장과 인조 가죽 한 장으로 만든 가방의 느낌이 크게 다르다. 그리고 어떤 원단은 합포(본딩: 두 가지 원단을 붙이는 것)를 해야하고, 어떤 원단은 보강을 하는 등 두세 번 공정을 거쳐야 가방으로 만들 수 있는 두툼한 원단이 나온다. 이러면 생산 효율이 떨어지는 것과 함께 단가가 높아진다.

생산 공정에서 원단에 두세 번 손이 가는 일을 없애는 일이 중요했다. 한동안 국내에서 나온 원단은 가방 원단, 의류 원단 가리지 않고 모조리 뒤져보았다. 몇몇 원단은 가방으로 만들고픈 생각이 들기도 했지만 원부자재로서 값이 만만치 않았다. 그 원단으로는 중저가 가격대를 맞추기 힘들었다.

생산 효율을 위해 원부자재 생산공장이 많은 중국으로 향했다. 이곳에서 공정을 줄여주는 굉장히 두툼한 원단을 찾아냈다. 중국 광저우 시장을 하루 종일 다리가 아플 정도로 걸어다니면서 수많은 원단을 살펴보고 만져보다가 그것을 발견했다. 두툼하고 튼튼한 재질이었고 가격대도 흡족스러웠다. 그 자리에서 나중에 그 가게의 사장이 된 직원과 협업하기로 했고, 원단 몇 천만 원어치를 들여오기로 계약했다. 조건을 내걸었다.

"선납금을 드릴 테니 이 원단을 한국의 다른 가게에 풀지 마십시오. 우리한테만 몇 달간 홀딩을 해줘야 합니다."

그 원단이 제 역할을 톡톡히 했다. 생산 공정 두세 가지를 절약해줘서 생산 효율성이 크게 높아짐에 따라 원하는 단가가 나왔다. 그 결과로 중저가 앨리스마샤 브랜드가 탄생할 수 있었다. 사실, 가격이 낮은 중국산 하면 질이 떨어질 것으로 생각하지만 전혀 그렇지 않았다. 가방의 원단으로서 시각성, 내구성, 기능성에서 국내 어느 원단에도 뒤처지지 않았다.

중국산 두툼한 원단을 사용해서 생긴 효과가 미니멀리즘이다. 두꺼운 원단으로 만들다 보니 가방이 굉장히 미니멀리즘해졌다. 공정 작업을 쉽게 하려고 해서 기교를 부리지 않았다. 예전의 가방들은 화려한 장식 같은 것들로 포인트를 많이 주곤 했다. 유명 브랜드들은 자기네 로고나 마크를 장식으로 큼지막하게 만들어서 브랜딩을 했는데, 그러면 가격이 비싸졌다. 장식이 생각보다 비싸다.

그래서 앨리스마샤의 장식으로는 자석과 손잡이나 크로스끈을 연결하는 D링 정도만 넣었다. 그 결과 장식을 다 빼고 소재를 심플하게 해버리니까 굉장히 미니멀리즘하고, 모던한 가방이 탄생했다.

탁월한 원단 소싱 능력으로 중국산 두툼한 원단으로 가방을 만들자, 장식이 불필요해져서 과감히 없앴는데 그러자 생산 단가가 확 낮춰졌다. 이로 인해 가성비 있는 심플하고 모던한 가방이 나왔고, 다른 회사에서 다들 따라 하기 시작했다. 지금은 가성비 있고 모던하고 미니멀리즘한 가방이 우리나라 가방 디자이너 브랜드의 중심이 되었다.

원단 선택과 미니멀리즘은 동전의 양면처럼 불가분의 관계로, 중국의 두툼한 원단을 선택하는 순간 자연스럽게 장식을 빼는 미니멀리즘을 추구하게 되었다.

한 가지 디자인에
색상을 다채롭게

앨리스마샤 에린 11컬러 셔링백

앨리스마샤 에린 패딩 5컬러 셔링백

앨리스마샤 노버 미니 5컬러 숄더백

앨리스마샤 러비 10컬러 셔링 미니백

앨리스마샤 에린 미니 8컬러 숄더백 클로스백

요즘 한창 잘 팔리고 있는 앨리스마샤 제품들이다. 제품명에서 드러났듯이 공통적으로 한 제품 디자인에 컬러가 다양하다. 이것이 소비자들의 마음을 사로잡았다. 소비자들이 네이버에서 앨리스마샤를 검색하면, 자사몰 홈페이지 주소와 함께 다음의 소개 문구가 나온다.

'앨리스마샤 공식 온라인 부티크. 미니멀 감성의 최신 컬렉션부터 다양한 컬러의 백을 지금 만나보세요.'

미니멀리즘과 더불어 '다양한 컬러'가 앨리스마샤의 빼놓을 수 없는 아이덴티티이다. 앨리스마샤는 소비자들에게 모던하고 심플한 디자인의 제품으로 시선을 끄는 데 성공했다. 여기에서 머물지 않고, 판매 강화와 시장 점유율 확대 차원에서 다양한 컬러를 시도했다. 위에서 소개한 앨리스마샤 제품을 보면 알겠지만, 그저 2~3개 정도만 컬러를 선보이는 데 그치지 않고 5개, 8개, 11개까지 다양한 색상을 연출했다.

똑같은 디자인으로 된 가방이 색상이 여러 개라면, 과연 이는 시장에서 어떤 효과를 낼까? 다섯 가지 효과가 있다. 첫 번째, 색상의 다양성으로 소비자 선택의 폭을 넓힌다. 다양한 색상 옵션은 소비자들에게 선택의 폭을 넓게 제공하여 개인적인 취향과 스타일에 맞게 고를 수 있게 한다. 이는 소비자들에게 긍정적인 반응을 일으킬 수 있다.

두 번째, 소비자의 흥미와 호기심 유발한다. 새로운 색상 옵션들은 소비자들에게 호기심을 유발하고 쇼핑 경험을 흥미롭게 만들 수 있다. 이는 더 많은 관심과 구매 욕구를 유발한다.

세 번째, 소비자에게 맞춤형 경험을 제공한다. 다양한 색상 선택은 소비자들에게 자신만의 맞춤형 제품을 경험하는 기회를 제공한다. 이는 소비자들이 앨리스마샤 제품을 더욱 소중하게 여기고 만족도를 높일 수 있다.

네 번째, 시장 경쟁력을 강화시킨다. 다양한 색상 옵션은 해당 제품이 다른 회사 제품들과 경쟁할 때 시장에서 더 큰 경쟁력을 가지도록 도와준다. 이는 소비자들이 앨리스마샤 브랜드나 제품을 선호하게 만든다.

다섯 번째, 소비자의 재구매율을 증가시킨다. 만약 다양한 색상 옵션들이 소비자들에게 잘 받아들여진다면, 이는 해당 제품의 재구매율을 높일 수 있다. 한 제품을 이미 구매한 소비자는 그 제품과 다른 색상의 제품을 구매하고자 하는 경향이 있다. 이로 인해 소비자의 앨리스마샤 재구매를 유도할 수 있다.

실제로 우리 회사 제품의 한 충성 고객은 한 제품을 사고 만족을 한 후 새로운 색상의 그 제품을 구매하는 일이 비일비재하다.

또한 소비자의 색상 취향을 세분화하여 다양한 색상의 제품이 출시되므로, 모든 컬러의 제품들이 골고루 꾸준히 판매되고 있다.

여러 가지 색상으로 제품을 생산하는 입장에서는 고충이 없지 않다. 매장이 100개 있다고 할 때, 한 개 컬러의 제품은 매장에 3피스로 공급을 하는데 이를 위해 총 300개를 생산해야 한다. 그런데 6개 컬러의 제품을 만들게 되면, 한 매장에 총 18피스를 공급하므로 100개 매장에 필요한 총 1,800개를 생산해야 한다. 한 제품을 이렇게 많이 생산하게 되면 물량 자체가 엄청나게 커져 버린다.

앨리스마샤 제품 종류가 많아지고, 또 매장 수가 증가할 수록 생산 물량이 크게 늘어나게 된다. 전국의 매장 한 개에 한 제품 3개씩을 깔아야 하는데, 다양한 컬러의 제품을 생산하다 보니 막대한 물량을 생산해야 했다.

금전적으로 큰 부담이 닥쳐왔다. 새로운 디자인의 제품 하나를 출시하게 될 때마다 제품의 컬러가 여러 개이다 보니 생산비가 몇 배로 크게 증가했다. 매달 원부자재와 생산공장에 지불해야 할 금전이 엄청났고, 한번 지불하고 나면 수중에 남는 돈이 없을 정도였다.

이때, 결재 날짜를 이원화시키자 자금 회전이 되고 자금을 운용할 수 있는 숨통이 트였다. 공장은 전달 작업한 물량에 대해 이번

달 10일에 결재하고, 원부자재는 전달 사용한 물량에 대해 이번 달 말일 날에 결재했다. 이 두 결재일 사이의 20일간 나에게는 돈을 굴릴 수 있는 여유가 있었기에 자잿값 등을 지불할 수 있었다.

결재일이 조금 밀린 적이 있지만 한 달 이상 끌어본 적이 없었다. 생산공장의 경우, 한달 가량 결재가 지체되더라도 '에바다' 때부터 10~13년 손발을 맞춰왔기에 잘 이해해주셨다. 한번도 독촉을 하거나 다음 달 생산을 못한다는 식으로 나오는 일이 없었다.

앨리스마샤는 탄생과 함께 다양한 색상을 고집해왔다. 앨리스마샤 하면 미니멀리즘과 함께 '다양한 색상'이다. 소비자 한명 한명의 취향을 사로잡는 다채로운 컬러는 앞으로도 지속될 앨리스마샤의 아이덴티티다.

지속적인 신상 출시를 가능케 한
공장 사장님들

    가방 종류는 크게 손으로 드는 토트백, 어깨에 매는 숄더백, 어깨에서 허리까지 사선 형태로 길게 매는 크로스백, 등에 지는 백팩이 있다. 앨리스마샤 제품은 이 네 가지 가방 종류를 아우르고 있는데, 4개 가방 카테고리에서 신상을 매해 시장에 꾸준히 출시하고 있다. 특히, 계절에 따른 대중적인 콘셉트를 기준으로 디자인을 해서 지속적으로 신상을 출시하고 있다.

    신학기에는 노트북, 아이패드, 여러 권의 책이 들어가고, 또 A4 용지 크기 이상 들어가는 큰 사이즈의 데일리 백을 내놓고 있다. 신학기가 지난 즈음에는 곧바로 밖에 나가서 놀고 돌아다닐 때 큰 가방이 필요하지 않으므로 귀여운 미니 가방을 출시한다. 여행 시즌이 다가오면 놀러 가야 하므로 수납력이 좋고 가볍고, 포인트 컬러가 있는 여행용 가방을 내놓는다. 이것은 10대에서 30대까지 해당이 된다. 신학기의 데일리 가방이 조금 각이 잡히고 약간 정돈된 느낌이 나오면 이것은 일반 직장인들의 데일리 가방이 된다.

계절 별로 다양한 컬러의 신상을 마음만 먹으면 아무 회사나 출시할 수 있는 걸까? 절대, 그렇지 않다. 그것을 뒷받침해줄 제조 공장 인프라가 잘 갖춰져야 한다. 거래처 공장의 경우 신뢰와 협력 속에서 꾸준히 양질의 제품을 대량 생산할 수 있는 시스템이 마련되어야 한다.

현재, 나와 10여 년간 함께 한 공장 사장님이 10여 명이나 된다. 이 가운데 세 분은 에바다때부터 함께 했으니 14년 정도 지금까지 함께하고 있다. 여기에다 최근 5년 동안 새로 생긴 거래처 사장님이 대여섯 명이 된다.

10여 년간 함께 해오신 공장 사장님들이 안정적으로, 꾸준하게 새로운 디자인의 신상을 척척 출시할 수 있도록 해준 일등 공신이다. 이 공장 사장님들은 말만으로 가방을 만들어 주시는 분들이다.

일반적으로 생산공장은 우리가 원부자재를 납품하고 원하는 디자인의 제품을 요구하면, 이 디자인에 맞게 생산만 하고 있다. 공장은 곧 '임가공'을 하고 있다. 따라서 디자인은 발주처에서 완벽하게 만들어서 공장에 전달해줘야 한다. 한데 예전에는 별도의 디자인팀이 없이 내가 혼자 다 디자인했다. 실상은 사진 하나와 참고할 수 있는 다른 가방 하나 그리고 원부자재들을 들고 가서 손짓 발짓으로 설명한 것이다.

오래된 거래처 생산공장 사장님들은 워낙 자주 내가 손짓 발짓하면서 말로 디자인을 설명하다 보니 단박에 디자인을 알아주셨다. 나는 어떨 때는 손에 아무것도 들고 가지 않은 채로 기억을 조립해서 생산을 요청한 적도 있었다.

"원판의 모습은 작년에 만들었던 A 가방으로 해주시고 손잡이는 5년 전에 만들었던 B가방의 손잡이를 해주십시오."

오랫동안 손발을 맞춰왔고, 그사이에 신뢰가 형성된 사장님은 내가 생각하는 것과 똑같은 디자인의 제품을 만들어 주셨다. 나와 공장 사장님들은 그야말로 눈빛만 봐도 무슨 말인지 알아들을 정도로 환상적인 콤비가 된 것이다.

이 사장님들 중에 내가 스승이라 생각하는 분으로 강동규 사장님, 박형규 사장님 등이 있다. 이분들은 내가 가방 사업을 본격적으로 하여 성공을 거둘 때 큰 도움을 주신 분들이다. 내가 에바다를 론칭할 때 주위 분들이 모두 뜯어말렸다.

"동대문에서는 동대문 방식으로 사업을 해야 하는 거야. 브랜드는 우리와 차원이 다른 사람들이 하는 거라구."

"돈맛을 알게 됐나 보네. 욕심 내지 마. 굉장히 힘들어져."

"몸짓을 키우다가 망한 매장이 수도 없이 많아. 망할 수 있다는 것을 명심해."

거의 다 부정적인 반응을 보였다. 이때, 강동규 사장님은 달랐다.

"곽 사장은 만들면 다 완판이잖아. 아직 나이가 젊으니까 브랜드를 해봐도 좋을 것 같아. 너무 기죽지 말고 곽 사장이 이때까지 발휘한 자신의 능력을 믿고 브랜드를 해봐."

"진짜 그렇게 생각하시죠? 하하. 힘이 되는 말씀 감사합니다."

나는 더욱더 신나게 의욕적으로 브랜드를 론칭했다. 강동규 사장님은 기회가 될 때마다 브랜드 사업을 할 때 유의해야 할 사항 그리고 가방 사업가로서 챙겨야 할 사항들에 대한 조언을 아끼지 않으셨다.

내가 강 사장님과 처음 만났을 때 나에게는 자금이 별로 없었다. 그러다 에바다를 론칭하면서 장사가 잘되자 구관 지하의 작은 매장에서 신관 지하의 더 넓은 매장으로 이사를 했다. 이때부터 자금 사정이 좋아졌다. 그런데 강 사장님의 공장이 쉬는 날만 빼면 매일같이 전등이 꺼지는 날이 없었기에 사업이 잘 되는 줄 알지만 그렇지 못했다.

하루는 너무 강 사장님 얼굴이 어두워서 무슨 일인지 여쭤봤다.

"사장님, 혹시 공장에 안 좋은 일이라도 생겼습니까?"

허공을 쳐다보던 강 사장님이 입을 열었다.

"많은 물량을 거래하는 한 거래처가 있는데 수금이 너무 안 돼서 걱정이 이만저만이 아니야. 이번 주에 직원 월급도 줘야 하는데. 휴."

그 사장님 공장은 에바다가 잘 나가고, 또 앨리스마샤를 론칭하면서부터 완전히 우리 제품만 생산하고 있다. 당시에는 다른 거래처의 제품을 주로 생산하고 있었다. 강 사장님의 말을 듣고 나니 참 사정이 딱했다. 어려운 처지를 겪던 강 사장님은 내가 처음 거래를 할 때 싸게 제품을 만들어 주셨다. 그런데 그때 강 사장님은 무려 6개월 가까이 수금이 되지 않아서 공장 운영을 하기 매우 어려운 상황이었다.

내가 선불로 작으나마 도움을 주기로 했다.

"사장님, 내가 2천만 원을 먼저 드릴 테니 물건 만드는 대로 차감을 합시다. 대신에 저한테 싸게 잘 만들어 주세요."

강 사장님은 정말 그렇게 해주겠냐며 내 손을 잡고 고마워했다. 이런 계기로 강 사장님이 10년 이상 나와 함께 한 치의 오차가 없이 보조를 척척 맞춰서, 내가 원하는 신상 디자인 제품을 완성도 높게 만들어 주고 있다.

강동규 사장님을 비롯해 오랫동안 함께 해오신 생산공장 사장님들이 있다. 내가 형식을 갖춘 정식 디자인을 전달하지 않아도, 내 의중을 정확히 파악하고 꾸준히 신상을 만들어 주는 생산 공장 사장님들이 없었더라면 지금의 앨리스마샤가 존재하기 힘들었을 것이다.

지인의 도움 적극
활용하기

앨리스마샤를 해오면서 내가 다른 사람과 달리 잘한 것은 주위 지인의 도움을 잘 받았다는 점이다. 몇몇 패션 사업가분은 오로지 자기 혼자 시작해서 혼자만으로 모든 것을 하길 바라며, 그래서 주위의 능력 있는 인맥의 도움을 도외시하는 경우가 있다. 그러고서는 성공하기가 쉽지 않다.

앨리스마샤가 성공할 수 있었던 것은 내가 모든 방면에 뛰어난 능력을 갖추어서가 아니다. 오히려 부족한 점이 적지 않았는데, 이런 약점을 주위의 지인이 커버해줬다. 그렇지만 처음부터 계획적으로 주위 지인의 도움을 활용하려고 한 의도는 없었다.

지난 세월 동안 도움을 주신 분들이 참 많다. 그분들은 왜 나를 도와주려고 자처했을까 생각해보면 그 이유는 하나다. 나에게서 '진정성'이 느껴졌기 때문이다. 다소 거칠고 정돈되지 않을지 모르지만, 정직하고 성실하게 일을 해가는 내 모습을 보고 기꺼이 발 벗고 도움을 주었다. 나중에는 그분들과 맺어진 인연으로 새로운 일거리를 함께 만들어가기도 했다.

에이랜드에서 비즈니스를 잘하고 있을 때였다. 당시, 가방에서는 앨리스마스가 제일 잘 판매되었고, 지갑에서는 페넥이라는 브랜드가 되게 잘하고 있었다. 잡화 쪽에서는 이 두 개가 투톱이었고, 나머지는 다 옷이었다. 에이랜드에는 알고 지내는 모 대표님이 계셨다. 그분이 지갑은 어떻게 홍보를 해줬는지 모르겠지만 우리 제품은 굉장히 홍보를 많이 해주었다.

당연히 에이랜드는 매출을 일으키기 위해 우리 제품 판매를 열심히 해준 것이다. 막상 상품을 열심히 홍보 판매를 해주다 보니 자연스럽게 앨리스마샤 마케팅이 되었다. 우리 회사 입장에서는 별도로 큰 자금을 투자하여 마케팅을 할 필요가 없을 정도였다. 이런 계기로 앨리스마샤가 전국적으로 크게 브랜딩이 되었다.

그 대표님과 유대감이 두터워져서 이제는 친한 형님과 동생 사이로 지내고 있다. 그 대표님은 네이버에 계셨던 분인데 에이랜드에서 퇴사를 한 후, 무역회사에 있다가 11번가의 패션 담당 상무 타이틀로 취임을 했다. 그 대표님은 에이랜드를 떠나서도 나와 연락을 해오면서, 계속 도움을 주었다.

"가방 분야에서는 딱 네가 생각이 나더라구. 이번에 우리 회사에서 가방 쪽으로 새롭게 비즈니스를 하는 게 있는데 네가 참여해 보면 좋을 것 같다. 내가 강력 추천하니 잘 될 거야."

서울스토어라는 플랫폼이 있었는데 여기에도 아는 지인이 많이 있었다. 서울스토어는 브랜디라는 회사를 인수 합병하여 몸을 크게 키워가고 있었다. 브랜디 회사에도 아는 분들이 많이 있었다. 그래서 서울스토어의 자료를 보게 되었는데, 깜짝 놀랐다. 앨리스마샤가 성공 사례로 대문짝만하게 소개되어 있었다.

서울스토어는 앨리스마샤가 성공할 수 있게 큰 역할을 해주었다. 몇 천만 원을 투자하여 유명 유튜버를 섭외한 다음 유튜브에서 마케팅을 해줬다. 따라서 앨리스마샤 마케팅 비용은 순전히 서울스토어에서 지불한 것과 같다.

대신에 우리 회사에서는 특정 제품을 서울스토어에 제일 많은 할인율로 공급하는 것과 함께 일정 기간 독점하는 기간을 주었다. 그러자 서울스토어에서 대대적으로 밀어주었다. 곧바로 매출이 뻥

뻥뻥 터지기 시작했다. 한번은 유튜버가 홍보한 상품이 뉴스에 나오기도 했고, 하루만에 매출이 막 1억 단위로 찍힌 적도 있었다. 이런 식으로 우리 회사와 서울스토어가 지속적인 유대관계가 생기자, 우리 회사는 계속 새로운 콘텐츠와 아이템 개발이 가능했다.

수많은 신생 가방 회사가 반짝하다가 사라지는 경우가 많다. 그 이유 가운데 하나가 성공한 아이템 뒤를 이을 후속타 개발이 되지 않는다는 것이다. 막상 어렵사리 신상 출시를 했는데 한 시즌 혹은 1년간 매출이 저조하면 판관비(판매비와 관리비) 유지 비용 때문에 회사 존립이 위태로워지고 만다. 그러면서 점점 더 시장의 큰 반응을 이끌어내는 제품 개발에 소극적이 되는 악순환이 반복이 되고 만다. 그러다가 사라지고 만다. 신생 가방 회사가 장기적으로 계속 신상을 내놓고 히트를 치기 위해서는 대기업의 막강한 자본력이 필수다.

나에게는 애초에 많은 자금이 없는 상황이었다. 그렇지만 주위 지인의 도움을 잘 활용했다. 에이랜드, 서울스토어 등 자본력이 막강한 곳에 있는 지인이 알아서 엄청난 비용의 마케팅을 펼쳐주었다. 따라서 마케팅에 대한 부담과 걱정을 덜어낼 수 있었고, 온전히 신상을 개발하고 생산하는 데 집중할 수 있었다. 지인 도움으로 마케팅이 탄탄하게 받쳐주니까 내놓는 제품마다 잘 판매가 되는 것은 당연했다.

PART 5

지속 가능한 경영과
즐거운 조직문화

EV INC

패션 회사의 시스템화 방안 2가지

동대문에서 나는 가방 도매업을 하는 개인사업자로서 장사를 시작했다. 1인 창업자로서 한 상가의 임대차 계약을 맺은 후, 오프라인 판매부터 시작했다. 시간이 지나면서 도매 제조업과 함께 OEM(original equipment manufacturing, 주문자 상표 부착 생산) 사업을 하기에 이르렀는데 엄청나게 많은 주문이 들어왔다. 이때 자연스럽게 인력을 충원하여 팀을 꾸렸고 별도의 제조사업부를 만들면서 지금의 앨리스마샤를 론칭하는 법인을 운영하기에 이르렀다.

회사가 커짐에 따라 자연스럽게 직원을 채용하게 되는데 나 역시 그랬다. 내가 처음 직원으로 채용한 사람은 아는 후배였다. 직원이 필요한 이유는 내가 정리 정돈을 싫어했기 때문이다. 동대문

가게에는 늘 손님이 몰아닥쳤는데, 한 번 판매를 하고 나면 물건이 여기저기 흩어져서 원하는 물건을 찾는 데 무척이나 애를 먹었다. 그래서 정리를 해줄 사람이 필요했는데 그 사람은 외부에서 정식으로 채용한 직원이 아니라 친한 동생이었다.

"형이 힘든데 월급을 줄 테니까 함께 일하자."

이것이 회사 규모가 커가는 시발점이었다. 실상은 아는 형과 동생의 의리 있는 모임 정도로 출발한 것이 지금의 이브아이엔씨였다. 가게에서 나와 함께 후배는 즐기는 마음으로 재밌게 일을 했다.

1인 기업과 직원을 채용한 기업은 엄연히 차원이 다르다. 대표가 혼자 할 때의 마인드로 기업을 운영해서는 절대 회사를 키워갈 수 없다. 혼자 100가지의 일을 하고 100만 원을 버는 대표가 직원을 채용하면 그 직원 한 명에게 30만 원을 주고 30가지 일을 분담시키게 된다. 이때, 대표는 70가지의 일을 하고 수입이 70만 원으로 줄어들 뿐만 아니라 회사 운영 속도가 많이 느려지게 된다. 이때가 분기점이다. 이 시점에서 직원 채용하는 것이 손해로 생각한 대표가 100만 원을 다 가져가려고 혼자 전부 하려다가 회사가 정체되거나 후퇴하고 만다.

회사를 성장시키는 대표는 적극적으로 직원을 채용하여 키워준다. 3~6개월 정도 지나서 30가지 일을 하는 직원이 50가지의 일을 하게끔 만든다. 그리고 대표가 100가지의 일을 하면, 회사는 150 가지 일을 하게 되고 수입이 150만 원이 생겨서 대표는 수입 120만 원을 가져가게 된다. 이런 식으로 계속 반복이 되다 보면, 직원 한 명이 늘어날 때마다 50가지의 일을 더 할 수 있어서 그만큼 수입이 늘어난다. 점차 직원이 역할 분담해내는 일이 50가지에서 100가지, 300가지, 400가지, 500가지로 빠르게 증가하고 그에 따라 수입이 폭발적으로 늘어난다. 회사 대표 입장에서는 직원을 충원하면 할수록 더 많은 수입이 생기게 된다.

실제로 나는 이런 경험을 해왔고, 그 속도가 굉장히 빠르다는 것을 알고 있다. 그래서 전문가 직원을 적극적으로 많이 채용하자는 마인드로 계속해서 조직 구성원을 충원하고 조직을 세팅해오고 있다. 전문 분야에서 오랫동안 일을 한 직원은 나보다 더 탁월한 역량을 갖고 있다. 나는 그들에게서 많이 배우기도 하는데 그들을 통해서 내 역량이 더 높아지기도 했다. 또한 그 전문가 직원들의 역할 분담으로 인해 회사는 가파르게 성장을 거듭할 수 있었다.

현재, 이브이아이엔씨의 조직은 IT 사업부, 영업 및 마케팅부, 관리& 경영부, 제조 사업부로 이루어져 있는데 여기에 속한 직원이 26명이다. 이 조직을 만드는 과정에 우여곡절이 굉장히 많았다. 우선 각 팀의 능력있는 실장님을 스카우트해서 함께 일하면서 회사 시스템을 적응하게 했다. 그다음 실장님과 함께 할 부서수를 만들어가는 과정이 있었다. 순탄치 않은 과정을 거쳐서 4개 부서를 만들고 나자 실장님들이 각자 포지션에서 맡은 일을 자동적으로 하게 되는 시스템을 갖추게 되었다.

사실, 어느 정도 규모가 있는 패션 브랜드와 쇼핑몰 회사에서는 직원을 채용해서 조직에 세팅하는 것은 어렵지 않게 해낸다. 그런데 회사에 직원을 채용한 후 조직이 시스템적으로 돌아가기 위해서는 이것만으로는 부족하다. 나는 수많은 시행착오 끝에 회사가 시스템적으로 잘 돌아가게 하는 2가지 핵심 방안을 터득했다. 이 2가지 핵심 방안의 부재로 인해 주변에서 잘 나가던 브랜드와 쇼핑몰이 나중에 망한 케이스를 자주 보아왔다. 패션 회사의 시스템화 핵심 방안 2가지는 다음과 같다.

첫 번째, 대표는 직원이 무슨 일을 하는지 정확히 알고 있어야 한다. 패션계 회사 대표는 본인의 역할을 정확히 알고 있는데 자신이 못하는 분야에 직원을 채용한다. 흔히 대표는 직원이 맡은 분야에 대해 전혀 지식이 없을뿐더러 공부를 하려고 하지 않은 채

모든 것을 직원에게 맡겨버린다. 그러면서 돈을 많이 주고 일 잘하는 사람을 구해놨으니까 이젠 저절로 잘 될 거라고 오판한다.

대표가 직원이 역할 분담한 분야에 대한 지식이 없으면, 직원이 무슨 일을 하는지 파악하기가 힘들다. 따라서 그 직원이 하는 일에 다른 직원이 하는 일 그리고 대표가 구상하는 일을 접목시키거나, 혁신적인 일을 시도하는 게 불가능하다. 대표는 딱 정해진 일만을 추구하는 게 아니라 전혀 새로운 일을 만들어내어 새로운 제품을 출시해야 한다. 그런데 그게 불가능하게 된다. 많은 돈을 주고 스카우트한 직원은 맨날 정해진 일만 하기에 조직 시스템과 융화되지 않고 시간만 허비하게 되고, 회사는 혁신적인 제품을 시장에 내놓지 못함으로써 공중분해 곧 도태되고 만다. 그러고서도 본질적인 문제점을 파악하지 못한 대표는 직원에게 얼마나 잘해줬는데라며 하소연을 한다. 대표는 직원이 하는 일을 잘 파악하고 있어야 직원이 전체 조직 속에서 시스템적으로 일을 하여 창의적인 성과물을 만들게 된다.

두 번째, 직원의 모든 업무를 문서화하고 보고하게 해야 한다.
나는 회사 초창기에 직원으로 고용한 지인들로부터 세 번 배신을 당했다. 친한 사람이니까 당연히 믿고 맡겼지만 거액을 횡령당하고 또 거래처를 다른 곳으로 빼앗기는 일을 당했다. 이 당시 모든 업무가 구두로 시작해서 구두로 끝났기에 이들이 무슨 일을 하는지 사전에 막을 수 없었다.

또한 내가 어떤 새로운 일에 꽂히면 다른 것에 신경을 잘 쓰지 못하는데, 그러면 회사가 어떻게 돌아가는지 파악하기가 쉽지 않았다. 어떤 직원이 못된 마음으로 부정을 저지르려고 하는지, 또 어떤 직원이 일은 안 하고 시간만 허비하는지, 또 어떤 직원이 아무런 성과없이 돈만 낭비하는지 전혀 파악하기 힘들었다.

그래서 시간이 꽤 걸렸는데 업무를 문서화하여 사인을 받도록 시스템화했다. 실은 대단한 것은 아니고 "너. 뭐 했는지 사인을 받아"라는 것이었다. 조직에 3명이 있다고 할 경우, 처음에 주임급이 과장한테 업무의 사인을 받게 만들어 주고, 과장은 부장한테, 부장은 대표인 나에게 사인을 받는 시스템을 만들었다. 이를 통해 업무 지시가 자연스럽게 내려가게 되고, 또 업무 성과표를 만들 수 있게 되었다. 또한 업무 보고서를 받았을 때 직원이 무슨 일을 했는지 정확히 파악할 수 있었고 또 한편으로 증거 자료가 되기도 했다.

횡령, 횡령, 횡령의 교훈!

애초에 나는 동대문에서 매장을 할 때 엄격한 기준을 갖고 사업을 키울 생각을 하지 못했다. 회계, 경영, 마케팅은 물론 직원 채용이 주먹구구식이었다. 특히나 직원 채용의 경우 공개 채용도 했지만, 필요할 때마다 동대문 친구와 고교 동창 등 지인으로 충원하는 것을 선호해왔다. 지인이므로 믿음을 갖고 함께 일을 할 수 있겠다는 단순한 생각을 했다.

동대문에서 에바다 브랜드로 한창 사업이 잘되자, 직원이 한 명에서 두 명, 세 명으로 늘어났다. 이때 지인들과 함께 일을 했는데, 내심 지인에게 일을 가르쳐주기도 하고 함께 진심으로 고민하면서 회사를 성장시킬 수 있겠다고 봤다. 나는 매일 새로운 상품 개발에 몰입이 되어 있다 보니 회사의 다른 업무에 신경 쓸 겨를이 없었다. 그러다 보니, 지인 직원에게 회사의 회계, 판매, 재고관리 등 경영 전반의 권한을 맡겨버렸다. 지인에게는 각별한 믿음이 있으니까 맡은 일을 성실하고 정직하게 할 줄 알았지만 역시 직원은 직원일 뿐이었다.

지인 직원들이 욕심을 부리기 시작하면서 횡령하는 일이 발생했다. 직원들은 내가 다른 데 정신이 팔려서 자기네가 하는 일을 꼼꼼히 관리하고 체크하지 않는다는 점을 파고들었다. 사실, 나는 어느 정도 이상하다는 느낌을 가지고 있었다. 그렇지만 대놓고 직원에게 따지지 않았고, 지인이 신뢰를 지키겠지라는 막연한 생각에 빠져있었다. 결국에는 걷잡을 수 없이 횡령 금액이 커져 버리고 말았다.

동대문 매장을 운영할 때 제일 안타까운 것은 지인 직원을 너무 믿고 그에게 전적인 권한을 맡겨버렸다는 점이다. 기회가 될 때마다 사업을 시작하는 분들에게 강조하고 있다.

"소규모로 사업을 시작한 분들이 많을 것입니다. 사업 규모가 커질 때 믿음이 가는 지인을 채용하기가 쉽습니다. 그런데 지인을 너무 믿는 나머지 과도하게 권한을 부여하고, 관리 감독을 소홀히 하다가는 자칫 그 직원으로 하여금 비위를 저지르게 방치하는 결과를 초래합니다. 이를 각별히 유의해야 합니다."

보증금 2천만 원짜리 매장으로 확장 이사를 하면서 사업이 잘될 때, 동대문에서 일하는 동갑내기 친구를 내 매장으로 불러들였다. 그 친구는 항상 같이 다녔었다. 동대문에서 밤 12시에 장사를 시작해 아침 7시가 되면 함께 원단 시장을 갔고, 낮 12시에 매장이 마감하면 함께 동대문 종합시장을 돌아다니면서 신제품 개발을 하기도 했다. 그 친구가 개인적인 사정으로 동대문에서 일을 그만두려고 할 때 내가 손을 내밀었다.

"나랑 같이 매장하자. 내가 너한테 필요한 걸 맞춰줄게."

그 친구가 나와 함께 하기로 했다. 그 친구는 경력이 많아서 사장처럼 알아서 일을 해줬다. 너무나 든든했다. 그러다 앨리스마샤를 론칭할 때 너무나 시간이 부족했기에 매장 운영 권한 대부분을 그 친구에게 맡겨버렸다.

믿었던 그 친구가 돈을 횡령하기 시작했다. 어느 순간 재고가 안 맞는다는 사실을 알았지만 직접 재고 파악을 해서 확인을 하지 않았다. "야, 재고 안 맞는 것 같은데 확인해 봐"라고 말만 했다. 그러면 친구는 이런저런 핑계를 둘러대면서 이제는 재고가 맞게 될 거라고 거짓말을 하면서 장부를 바꿔놓았다. 나중에 친구의 횡령 금액이 커지자 횡령이 들통나고 말았다.

그 친구와는 좋은 추억이 있었고, 횡령이 있기 전에 내가 그 친구에게 매장을 오픈시켜주기도 했었다. 결국에 나는 막대한 손실을 입는 것과 동시에 그 친구와 안 좋게 헤어지게 되었다.

그 횡령한 친구가 근무하고 있을 때, 매장 두 개를 운영하게 됨에 따라 동대문의 아는 후배를 새로운 직원을 채용했다. 이때 횡령한 친구가 운영하지 않는 다른 매장에서 새 직원에게 하소연하기도 했다.

"다른 매장의 내 지인 친구가 아무래도 횡령을 하는 것 같아서 너무 속상하다."

나중에 알고 보니, 이 신입직원도 친구를 모방해서 횡령을 저지르고 있었다. 내가 똑같은 실수를 되풀이하고 있었던 것이다. 근데 두 번째로 똑같이 당하는 게 너무 화가 나고 괘씸해서 용서해 줄 수가 없어서 소송을 했고, 그 직원은 감옥에 가게 되었다.

친구 중 한 명은 자기 아들 이름의 끝자를 내 이름의 끝자처럼 '훈'이라고 지었다. 그 친구는 자기 아들이 나처럼 되면 좋겠다고 말하곤 했는데 그 친구를 직원으로 채용했다. 그 친구에게서 일이 잘 풀리지 않아 공장에서 일하고 있다는 다른 고등학교 친구 얘기를 듣게 되었고 그 역시 직원으로 채용했다. 한데 그 친구 역시 욕심을 내고 말았다. 앨리스마샤를 론칭하여 크게 성장하고 있을 때, 나는 그 친구에게 동대문 매장 관리와 생산관리 업무의 일을 시켰다.

그 친구는 내가 돈을 버는 걸 직접 보니까 자기 걸 하고 싶었다. 그래서 그 친구는 고등학교 친구와 함께 자신의 회사를 만들었고, 우리 회사의 디자인을 모방한 제품을 만들어서 우리 거래처에 내다 팔았다. 직원들에게는 우리 회사 제품이라고 말하고는 자기 물건을 팔게 만들었다. 심지어 모델을 우리 회사 직원으로 사용하기도 했다.

이런 사실은 그 친구에게 동대문 매장을 맡기고 나서 8개월이 지난 후 말도 안 되게 매출이 급감할 때 우연히 중국 사이트를 접속한 내가 알아냈다. 중국 사이트에 올려진 제품은 분명 에바다 제품이었는데 상표가 달랐고, 우리 회사 직원이 모델로 나왔다. 에바다 정품이라고 홍보를 하고 있었다. 이를 까맣게 모른 채, 나는 그 친구의 매장 오픈을 도와주었었다. 이 친구는 그냥 넘어갈 수 없어서 엄격하게 소송을 제기했다.

현재의 이브이아이앤씨가 있기까지, 지인 직원에게 전적으로 매장 운영을 맡겼다가 3번의 횡령을 당했다. 이것이 교훈이 되어 주었다. 이제는 아무리 믿을 수 있고, 능력이 뛰어난 직원이라도 그 직원에게 올인하지 않는다. 직원은 대표가 체크 및 관리하면서 함께 일을 하지 않으면 자기 일을 성실하게 하지 못한다. 믿을 수 있고, 능력 있는 직원에게 기존의 일을 맡기고, 대표는 새로운 프로젝트에 몰두하면 회사가 크게 성장하겠지라고 생각하는 것은 오산이다. 특히, 많은 권한을 쥔 직원을 방임해버리는 것은 그 직원으로 하여금 비위를 저지르게 하는 환경을 만드는 것과 같다.

직원의 비위를 사전에 차단하려면 시스템적으로 회사를 관리하는 것이 중요하다. 예를 들어보자. MD 파트에서 판매를 했다고 할 때 판매를 하려면 물건이 있어야 되기에 생산 파트에서 물건을 만들어 줘야 하며, 그리고 물건을 팔고 남은 재고가 있어야 한다. 또한 물류 파트에서 포장을 해야 한다. 따라서 각 파트에서 상품과 금액 수치가 엄밀하게 문서에 기록이 되도록 시스템을 정착시킨다면, 횡령을 할 수 없게 된다. 전체적으로 다 같이 짜지 않는 이상 그것이 불가능하다. 문서에서 이상하면 거슬러 올라가면 된다. 재고가 안 맞을 때는 재고를 찾으러 거슬러 올라가고, 판매정산이 안 맞으면 총무팀으로 또 거슬러 올라가면 정확한 수치를 찾을 수 있다.

사기당하지 않게
서류 작성은 신중히

성공한 사업가들이 흔히 과거 이야기할 때 빼놓지 않는 게 있다. 한창 성장 가도를 달려갈 때 그 일이 생겼다면서, 꺼내는 말이 사기를 당했다는 것이다. 그러면서 막대한 금액을 사기당해서 심적으로 큰 고통을 겪었다는 회고를 심심치 않게 접할 수 있다.

'호사다마'라는 말이 있다. 좋을 일에는 반드시 방해되는 일이 많다는 것이다. 기업의 예로 들면, 규모가 별 볼 일 없고 자금도 얼마 없을 때는 사기가 잘 생기지 않는다. 기업 규모가 성장하고 자금이 풍족해짐에 따라 사기가 발생하게 된다. 번창하는 기업의 돈 냄새를 맡고 부정한 방법으로 돈을 쉽게 벌고자 하는 사람들이 날파리처럼 꼬이게 된다.

기업 대표가 높은 매출고에만 혈안이 되어 문서 계약 시에 신중함을 잃어버리다가는 갑자기 믿는 사람으로부터 뒤통수를 맞는 일이 생길 수 있다. 지나친 욕심을 자제하고, 문서 계약 시에는 돌다리도 두드려서 걷는다는 마음의 자세가 중요하다.

한번은 호되게 소송을 당한 적이 있다. 회사 내부 횡령 건으로 소송을 건 적이 있지만 마른하늘에 날벼락처럼 누군가로부터 정직하게 사업을 해온 내가 소송을 당할 줄을 꿈에도 생각하지 못했다. 그 소송은 동대문에서 오랫동안 사업을 해오면서 친하게 지내던 거래처 여성 사장과 연루가 되었다. 그 사장은 중국에 우리 물건을 잘 판매해주고 있었다. 하루는 그 여성 사장이 한 남자 사업가를 데리고 와서 솔깃한 제안을 했다.

"요즘 중국 쪽 비즈니스가 왕성해지고 있잖아요. 내가 연예인 마케팅을 해서 중국에다 더 많이 팔아줄게요. 그러면 중국에 사장님 물건이 공짜 광고가 되잖아요. 대신 나에게 수익을 배분을 잘해주세요."

그러면서 옆에 있는 남자를 소개했는데 사기꾼이었다.

"이분은 연예인 마케팅회사 대표입니다. 연예인을 섭외하여 PPL 마케팅을 해줄 거예요. PPL 마케팅으로 내가 중국에다 많이 팔아주겠습니다. 그러면 앨리스마샤가 중국에서 성공할 수 있어요."

당시, 앨리스마샤는 국내 판매에 주력하고 있었을 때였다. 거대 시장인 중국에서 앨리스마샤를 중국인들이 좋아하는 연예인 모델로 내세워 PPL 마케팅을 한다면, 엄청난 판매가 될 것 같았다. 그래서 그 여성 사장의 제안에 분별력을 상실하고 말았다. 이 여성 사장의 제안이 타당성과 실현성 그리고 소개한 남자 사업자가 믿을 만한 사람인지를 전혀 파악하지 않은 채로, 무턱대고 공동 계약을 맺었다. 이때, 판매에 대한 수익을 정해진 비율대로 나눠서 가져가기로 했다.

얼마 뒤, 그 남자 사업가가 작업을 걸기 시작했다.

"연예인 기획사에 앨리스마샤가 판매 잘된다는 것을 보여줘야 그곳에서 유명 연예인으로 PPL을 해줍니다. 현재는 딱히 보여줄게 없으니까 난감하네요. 그러니까 월 매출 1억 넘게 맞춰서 매출자료를 보고 할 수 있게끔 협조해줄 수 있습니까?"

나는 순진하게 말도 안 되는 그 꾐에 속았고, 그 남자의 말에 따랐다. 나는 물건만 공급해주고 그것에 대한 이익만 셰어하면 된다고 봤다. 한국은 내가 알아서 잘 판매하고 있으니, 너는 중국에서 알아서 많이 팔아주라고 단순히 생각했다.

나중에 보니, 그 남자는 서류 작업을 해서 1억 2천만 원 정도 월 매출이 나오게 만들었다고 했다. 서류 위조를 해서 연예인 기획사와 소통을 하고 있다는 것이다. 실제는 전혀 그렇지 않았지만 위조 서류가 내 발목을 잡았다. 그 남자가 이빨을 드러냈다.

"연예기획사에 앨리스마샤의 월 매출을 1억 2천만 원으로 제시했는데 실제로는 매출 금액이 없잖아요. 그러니까 일단 돈을 통장에 꽂아주세요."

그제서야 사기라는 걸 알아차렸다.

"무슨 말도 안되는 소리냐. 그건 당신이 알아서 해야지. 단 한푼도 내줄 수 없다."

그러니까 갑자기 내게 소송을 걸었다. 문서에는 매출 금액이 적혀 있는데 앨리스마샤에서 매출금을 주지 않아서 자기네 피해가 막심하다고 어이없는 주장을 해왔다. 이때 그 남자 사업가를 소개해준 동대문 여성 사장님이 전화를 걸어와서, 그 사람 뒷배경이 되게 무서운 사람이니까 잘못했다고 빌라고 했다. 그 여사장이야말로 나에게 죄송하다고 싹싹 빌어도 시원찮을 판에 나에게 협박을 해왔다. 나는 필요 없다고 전화를 끊어버렸다.

내심으로는 내가 정직하니 법대로 하면 나의 결백이 드러나고 그 남자의 사기 전말이 드러날 것으로 생각했다. 나중에야 깨달은 사실이지만 이 생각은 너무나 순진한 것이었다. 내가 변호사를 선임했지만 전문 사기꾼을 당해낼 재간이 없었다. 법원에서는 소송 건을 공정거래위원회로 빼돌렸는데 이곳에서는 원천적으로 시시비비를 가리기보다는 상호 합의를 유도했다. 그 결과 그 남자가 주장하는 총 피해 금액 2억 원의 중간 금액인 1억 원으로 합의하라는 결정이 나왔다. 내가 그 남자에게 억울하게 1억 원을 주게 되었다. 결국에는 그 남자와 합의 끝에 8천만 원을 쥐버리고 말았다.

뒤늦게 공격적으로 방어를 하지 못한 것이 후회되었다. 소송과 관련된 법에 대해 잘 알지 못했던 탓이었다. 그 남자와 함께 중국 사업을 하기로 된 공동계약서에 기반한 위조 서류가 나로 하여금 사기를 당하게 만들었다. 중국이라는 큰 시장에 대한 성급한 욕심에서 한발 물러서 있었다면, 그리고 외부 업체와의 계약서 및 서류 작성하는 것을 신중하게 했다면 그런 낭패를 겪지 않았을 것이다.

심지어 서류가 아닌 말 한마디도 외부 업체와 사업을 진행할 때는 매우 신중히 해야 한다. 사업 초보인 분들은 구두로 하는 말은 대수롭지 않으며, 오로지 서류만이 법적인 근거가 있다고 잘못 알고 있는 경우가 있다. 사업 거래처와 주고받은 대화 녹음 그리고 카톡의 주고받은 메시지가 모두 법적으로 중요한 증거 자료가 된다.

내가 한창 바쁘게 일하고 있을 때 소송을 걸기 전에 그 남자가 여러 가지 제안과 추진사항을 알려왔는데 일일이 그에 대해 내가 가부 결정 표시를 하지 않았었다. 그 결과, 법원에서는 내가 묵인을 해서 승인했다고 보는 것으로 판단을 내렸다. 이것도 사기 사건을 당하고 나서야 알게 된 사실이다.

사업이 성장하면서 외부 업체와 함께 새로운 사업을 추진하는 일이 생기게 된다. 이때 성급하게 달려들었다가는 앞으로의 일을 감당하기 힘들다. 욕심을 버린 채로 경계심을 늦추지 말고 계약서 등 각종 서류 작성에 신중을 기해야 한다. 대부분 외부 업체의 사기 사건은 서류 작성의 소홀함에서 온다는 것을 명심하자.

매출이 늘수록
안전자산에 투자하라

이브이아이앤씨는 올해(2024년)에 '매출 100억'을 목표로 삼았다. 작년에 70억을 돌파했기에 올해에 30억을 추가한 금액을 실현 가능한 목표로 '10주년 컨퍼런스'에서 대내외적으로 표방했다. 이처럼 기업 규모가 커짐에 따라 주위 분들이 내가 큰돈을 번 것으로 생각하는 경우가 많다. 솔직히 지금 나는 돈이 많지 않다. 그리고 이브이아이앤씨가 법인 회사이기 때문에 엄밀하게 보면 회삿돈은 내 것이 아니다.

사실, 이브이아이앤씨 또한 현금을 많이 가지고 있지 않다. 70~100억의 매출을 올리는 회사인데 수익으로 얻은 막대한 돈이 대체 어디로 간 걸까? 대부분의 현금은 안전자산으로 묶어 두고 있다.

그래서 나도 그렇고, 법인 이브이아이앤씨는 그렇게 돈이 많지 않다. 아무리 매출이 증가해도 수익을 안전자산으로 확보해 두지 않으면, 회사 경영에 심각한 위기를 초래할 수 있다.

예전에 친하게 지내던 쇼핑몰 대표가 있었다. 이 친구가 매출이 대략 20억 정도까지 올라가자 나한테 자랑을 했다. 연 매출 20억 정도 올라가서 자기가 많이 컸다면서, 정부 지원도 좀 받고 있다고 했다. 그러면서 사업 확장을 위해 많은 투자를 하고 있다고 했다. 그런데 이 친구가 얼마 되지도 않아 표정이 무척이나 어두웠다. 매출이 꾸준히 20억 대를 유지하고 있었지만 그는 항상 힘들어했다.

단박에 나는 그 이유를 짐작할 수 있었다. 수중에 돈이 없기 때문이었는데 세 가지 이유를 짚어볼 수 있다.

첫째, 매출이 커질수록 결제받을 금액이 커지는데 이 돈이 한 번에 통장에 들어오지 않는다. 이번 달에 1천만 원 매출을 올리다가 다음 달에 갑자기 3천만 원 매출을 올렸으면, 마진을 빼고 한 번에 2천만 원을 결제해주지 않는다. 게다가 판매하는 채널이 여러 개이므로 입금 날짜가 다 제각각이다. 많은 채널로 매출이 증가할수록 거래처에 물건을 공급하기 위해 엄청난 생산비와 원부자재

비용이 매달 생기는데, 거래처 입금 날짜가 다르므로 늘 자금이 부족하게 된다.

둘째, 물건을 팔았을 때 마진율 계산을 잘해야 하는데 이를 놓쳐버리기 쉽다. 각종 비용으로 떼가는 금액을 빼고 남은 금액이 실제 마진인데 이를 세세하게 파악하는 분이 얼마나 될까? 매출이라는 큰 금액만 생각하면서 실제로 수중에 들어오는 순이익에 대한 계산을 등한시하는 경우가 많다. 매출 3천만 원을 올렸지만 실제로 차 떼고 포 떼고 하다 보면 실제 순수익은 크게 줄어들게 된다. 이를 고려하지 않은 채로 직원을 채용하거나, 넓은 사업장으로 이사하거나, 신규 사업에 투자하다가는 나중에 수중에 돈이 한 푼도 남아돌지 않게 된다.

셋째, 세금 관리를 소홀히 한다. 통상적으로 가방 회사가 물건을 공장에서 제조를 하거나 구입을 할 때는 세금계산서를 발급을 받거나 원천징수를 해야 한다. 이로써 돈을 지출했다는 입증 자료를 만들어놔야 나중에 매입계산서에 매입으로 적어서 종합소득세를 줄일 수 있다. 그런데 상당수 가방 회사는 세금계산서를 발급받지 않고 그냥 현금을 줘버리고 있다. 패션 업계도 그렇지만 제조업을 하는 분들이 대부분 영세하다. 이들 가운데에는 신용불량자나 사업자등록증을 갖고 있지 않은 경우가 적지 않은데 안타깝게도 현금 거래를 선호하는 일이 많다.

원부자재를 구입할 때도 마찬가지다. 원단, 실, 본드 등 많은 원부자재들이 있는데 거래처에서 싸게 현금으로 살 수 있는 이점으로 인해 계산서 발급을 받지 않은 채로 현금을 지불하는 일이 있다. 싸게 구입해서 이익이라고 생각하지만 나중에 매입 입증 자료가 없으면 세금 폭탄을 맞게 된다.

이와 더불어 매출이 커짐에 따라 회사를 법인으로 바꾸게 되지만, 업무가 많은 회사 대표가 법인에 맞는 세금 관리를 하지 못하는 경우가 많다. 따라서 개인사업자일 때의 종합소득세 세율에 따라 이익 구간이 잡힘에 따라 더 많은 세금을 내게 되어 늘 돈에 쪼들리게 된다.

이러한 이유로 해서 많은 가방 회사가 문을 닫는 것을 자주 봐 왔다. 회사 대표는 매출이 증가할수록 자금 압박을 받게 되어 대출을 받고 이자를 내다가 결국에는 '만세'를 부르게 된다. 더는 버틸 여력이 없기에 회사 문을 닫을 수밖에 없다. 주위의 파산하는 제조업 회사 사장님들이 하는 말이 있다.

"매출이 많았지만, 세금 내고 직원 월급 주고 임대료 내고 판관비로 다 쓰고 나니 현상 유지가 안 되어 문을 닫고 말았습니다. 그러고 나니 재고밖에 안 남더군요. 근데 재고를 팔면 자금 융통이 되겠지 생각했는데 재고 팔기도 쉽지 않더라구요."

솔직히 나도 처음부터 완벽히 정확한 마진율 계산과 세금 관리를 한 것은 아니다. 매출이 늘어가는 와중에도 대출을 받아서 돌려막기를 했고, 또 세금을 많이 냈으며, 이익이 생길 때 대출을 상환하기를 반복해왔다. 나중에서야 매출이 증가하지만 자금 압박에 시달리게 된 이유를 깨달았다. 이제는 매출 금액에만 매몰되지 않고 부채, 비용 등을 재무제표를 보면서 꼼꼼하게 체크하고 있다. 이를 통해 회사에서 새로 지출할 비용을 신중히 판단하고 있으며, 그에 맞게 회사를 운영하고 있다.

매출이 늘어나는 것은 분명히 좋은 일이다. 그에 따라 회사에 일정한 자금이 계속 흘러 들어오는 것 또한 사실이다. 그런데 매출이 늘면서도 회사가 파산하는 결정적인 이유 하나를 뽑으라면 자금을 금세 다 써버리는 것이다.

사업 초보들은 갑자기 엄청난 돈이 통장에 들어오면 주체를 하지 못한다. 매출이 계속 늘어가고 있으니까 공격적으로 새로운 프로젝트에 돈을 쓰기 시작한다. 품목과 아이템 확장 그리고 판매 개척 등을 하면서 막대한 돈을 퍼붓는데 이에 따라 직원 채용, 사업장 확장, 생산 물량 확대가 이어지게 된다. 나는 매출을 이 정도 했으니까 통장에 있는 자금으로 투자를 해도 된다고 욕심을 내고 도전한다. 신규 투자와 사업 확장을 너무 쉽게 접근해버린다. 나중에서야 자신의 판단이 틀렸음을 깨닫게 되는데 그때는 이미 늦어버린다.

따라서 회사를 안정적으로 이끌어가려면, 매출이 많을 때 자금을 안전자산으로 묶어두는 게 필요하다. 새로운 일을 할 때 그 자산을 조금씩 빼서 써야 하며, 새 프로젝트에 대한 확신이 섰을 때만 안전자산을 전부 투자해야 한다.

나는 수익 자금으로 큰 규모의 회사 건물 보증금, 되팔 수 있는 장비를 구입하는 데 쓰고 있다. 향후 자금을 보태서 땅을 구입하거나 사옥을 구입하는 구상을 가지고 있다. 매출이 늘어가는 성공 경험을 할 때 자금을 안전자산으로 빼놓고 기초부터 다지면서, 돈이 없다는 생각으로 천천히 사업 확장을 준비하자. 그래야 리스크가 적으며, 또 확신이 들 때 많은 자금을 활용할 수 있다. 돈을 안전자산에 묶어두는 우회전략을 펼칠 때, 잘못된 선택으로 회사 문을 닫는 일을 막을 수 있다.

　참고로, 자금 압박에 시달려 대출받고자 하는 사업가분들에 유용한 정보를 알려드린다. 우리나라 정부에서는 사업가들에게 저금리나 무상으로 자금 대출을 해주는 정책을 굉장히 많이 내놓고 있다. 여성, 청년 그리고 초기 창업에 대한 많은 지원금 패키지들이 있는데 이것을 볼 수 있는 사이트가 중소기업청, 서울경제진흥원, 중소벤처기업진흥공단이 대표적이다. 이들 사이트에 들어가면 자금 지원을 한다는 공고를 수시로 접할 수 있다. 그런데 많은 사업가들이 이를 놓치고 활용을 못하고 있는 게 현실이다.

　일부 사업가들은 정부 자금을 대신 대출 받아주는 대행업체의 도움을 받고 있지만, 그 업체는 100% 대출을 받아내는 것도 아니며 떼가는 수수료가 상당히 많다. 대출을 100% 받도록 결정하는 것은 내 회사의 재무 상태, 영업력, 사업 실적, 기획력이다. 이런 것을 체계적으로 문서화해놓는 것이 확실하게 대출을 받을 수 있는 지름길이다. 사업하는 분들은 지금이라도 이런 것을 잘 체크하고 차근차근 준비를 해둬야 각종 정부 자금을 쉽게 대출받을 수 있다.

"당신도 우리 회사를
지켜봐 주십시오."

실력 있는 직원을 채용하고 인재로 만들기 위해 교육하는 것도 회사 자금을 안전하게 투자하는 방법이다. 이때, 단순히 양적으로 직원을 늘리는 것은 피해야 한다. 직원 한 명이 만약에 세 가지 일을 할 수 있다고 쳤을 때 직원을 2명을 뽑으면 6~7가지 일을 하겠구나라고 생각할 수 있다. 그러면서 직원을 뽑을 때마다 점점 많은 일을 하겠구나라고 생각한다. 그런데 실제로는 일이 많아질 뿐 매출이 늘지 않는다.

결코 단순히 직원 한 명이 늘어난다고 해서 매출이 증가하지 않는다. 매출이 늘어나려면, 직원들 간의 협업과 조화, 소통이 잘 이루어져야 한다. 현재, 이브이아이앤씨의 조직은 4개 부서와 각 직원들이 맡은 역할을 하는 것과 함께 긴밀하게 조화를 이루고 있다. 직원 한명 한명의 역량과 성과가 전체 조직 속에 융화되어 회사 전체의 성과 곧 매출 향상을 만들어내고 있다.

나는 직원 한 명을 채용할 때, 이 직원이 조직에서 어떤 시너지 효과를 내어 매출이 분명히 어느 만큼 증가할 것이라는 시나리오를 갖고 있다. 따라서 직원 채용은 함부로 하지 않고 실장들과 심도 있는 회의를 거쳐서 진행하고 있다. 이를 통해 계속해서 필요한 직원 한 명이 충원될 때마다 이브이아이앤씨의 매출 곡선이 우상향을 그리고 있다.

"3개월 동안 회사는 당신을 지켜볼 것입니다. 당신도 우리 회사를 지켜봐 주십시오."

직원 채용 시, 나는 항상 이 말을 하고 있다. 3개월의 수습 기간이 있기에 직원을 뽑을 때 시간이 좀 걸리지만, 이 기간을 매우 유용하게 활용하고 있다. 수습 기간에 회사와 직원이 채용이라는 안건에 대해 협상을 하는 것이다. 회사에서는 직원에게서 성실성과 일에 대한 욕심을 중점적으로 살펴보고 최종 결정을 내린다. 직원도 회사가 자기에게 맞는지를 결정한다. 하루 이틀 다니다가 그만두기도 하지만 삼 개월 출근하기도 한다. 이를 통해 정직원 한 명이 회사에 입사하게 된다.

이브이아이앤씨가 패션 회사이므로 디자인 직원을 뽑을 때 각별히 신경을 쓴다. 유경력자의 경우 지원자의 포트폴리오를 보면 스킬을 다 알 수 있다. 일러스트레이션, 가방 디자인 스케치의 능력과 디자인 감성을 바로 파악할 수 있다. 이것은 내가 직접 챙기고 있다. 여기서 끝나지고 않고 실장님들이 지원자가 실제 그러한 스킬을 갖고 있는지를 직접적으로 판단을 한다.

이 과정에서 내가 회사 인재로 보는 것은 생산형과 창의형 두 가지를 겸비한 지원자다. 패션 회사 대표의 관점에서 볼 때, '생산형 디자이너'와 '창의형 디자이너' 두 가지의 유형의 디자이너가 있다고 본다. 전자는 창의성이 부족하다기보다는 자기만의 아이덴티티를 표현하는 것이 낯설고 서툴지만 상품화하고 양산하는 측면에서는 탁월하다. 이와 달리 후자는 아이덴티티를 열심히 풀어주는 것은 잘하는데 상품화하여 양산하는 면을 놓치고 자기 것만을 고집한다. 생산형과 창의형 두 가지를 갖고 있는 디자이너가 적지만 분명히 있다. 생산형과 함께 창의형을 가지고 있는 디자이너는 업무 프로세스에 대한 이해도가 높기에, 곧바로 업무에 투입 시켜도 차질 없이 맡은 바의 몫을 해낸다.

패션 회사에서 필요한 것은 예술 작품이 아니라 판매하는 상품이다. 이브이아이앤씨는 쇼에 세울 수 있는 작품을 하는 디자이너를 필요로 하지 않는다. 쇼를 위해서 상품을 디자인하지 않기 때문이다. 따라서 창의성에 치우친 디자이너가 우리 회사와 맞지 않는다. 단순하게 디자인만 배워서 책상에 앉아서 스케치를 하고, 컬러 포인트를 입히기만 하는 직원, 그러면서 나는 해외 어디 유학과 출신이므로 디자인만 한다고 하는 직원은 사양하고 있다. 우리 회사뿐만 아니라 패션 대기업에도 책상에 앉아서 스케치만 하는 디자이너가 없다.

오해하지 말아야 할 것이 있다. 국내외 유명 패션 브랜드 회사를 이끄는 몇몇 디자이너 대표는 오로지 스케치만 한다. 그런데 그분들은 젊을 때 밑바닥에서부터 차근차근 상품화하고 양산하는 과정을 마스터했기에 대표가 되어서 스케치만 해도 된다. 그러고도 디자인한 제품이 척척 알아서 잘 판매가 된다. 그렇지만 상품화되고 양산되는 과정에 대한 경험이 없는 젊은 디자이너가 함부로 디자인만 하겠다고 꿈을 꾸고 그것에만 올인하는 것은 바람직하지 않다.

경력이 많지 않은 지원자도 입사 기회를 주고 있다. 면접 시 지원자가 밝은 성격인지, 능동적인 업무 태도가 있는지를 파악하여 좋은 평가를 받으면 3개월 수습 기간을 부여하고 있다. 이 기간에 설령 그 직원이 해당 업무에 대해 잘 모른다고 생각이 되더라도 적극적으로 배워보려는 태도가 있거나 창의에 가까운 편이지만 생산에도 욕심을 낸다면 좋은 평가 점수를 받고 채용을 한다.

3개월의 수습 기간을 통해 면밀히 인턴 직원을 심층적으로 파악하고 있다. 보통은 한 달 정도 되면 직원이 일을 잘하는지 그렇지 않은지 눈에 보인다. 그다음 두 달, 세 달 동안 직원이 일에 대한 욕심이 있는지 근면 성실한지가 드러나게 된다. 나는 주로 직원이 밝은 분위기로 업무를 하고 있는지를 중점적으로 파악하는데, 실장님들이 세세하게 직원을 평가한 문서를 나에게 보고를 해주고 있다. 최종적으로 내가 업무 능력과 각종 스킬을 테스팅한 문서를 참고한 후 실장님과 회의를 통해 직원을 채용하고 있다.

급여는 직원이 면접 시 지원서에 적은 희망 연봉을 맞춰주려고 노력하고 있다. 함께 일을 하길 바라는 직원의 희망 연봉이 너무 높을 때는 솔직히 내가 말한다. "높은 연봉을 맞춰주기가 힘든데 그래도 함께 할 수 있느냐?" 직원이 일할 수 없다고 하면, 죄송하다고 한 후에 다음에 보자고 말한다. 우리 회사의 급여는 업계 평균

보다는 높은 편이다. 대기업보다는 적지만 중소기업보다는 상당히 나은 편이다.

삼성그룹 이건희 회장은 "한 명의 천재가 10만 명을 먹여 살립니다"라면서 인재경영을 펼쳤고, 외국에서 천재급 인재를 많이 채용했다. 이 인재들이 글로벌 기업 삼성을 만드는 데 혁혁한 기여를 했다. 이브이아이앤씨도 그렇다. 직원 채용 시 다각도로 직원을 파악하는 등 많은 공을 들이고 있다. 따라서 일단 채용한 직원은 내 머릿속에 그린 시나리오대로 회사 매출을 끌어올리는 데 큰 역할을 하고 있다.

"즐겁게, 재밌게,
밝게 일하자."

"즐겁게 한번 끌어올려 보자."

"내가 재미있게 일을 맡겨줄게요."

"밝은 표정으로 일하세요."

내가 직원들에게 자주 하는 말이다. 이 말에 내가 추구하는 이브이아이앤씨 조직문화의 철학이 깃들어있다. 태생적으로 나는 규율이 세고, 엄격한 분위기의 회사 근무 환경을 좋아하지 않는다. 더욱이 크리에이티브가 매우 중시되는 패션 기업의 수장으로서, 이브이아이앤씨의 조직문화만큼은 즐겁고, 재미있으면서, 밝은 분위기를 추구하고 있다. 직원들이 즐겁게 일하는 분위기를 조성하는 것이 나의 중책이라고 본다.

독일의 심리치료사 롤프 메르클레는 "천재는 노력하는 자를 이기지 못하고, 노력하는 자는 즐기는 자를 이기지 못한다"라고 말했다. 따라서 노력을 하지만 경직된 조직 분위기보다는 노력하면서도 즐기는 분위기가 가득한 조직문화의 경쟁력이 더 좋다. 이는 곧 이브이아이엔씨의 가파른 매출 상승이 입증하고 있다. 즐겁게 일하는 우리 직원이 회사의 높은 매출을 올려주고 있다.

새로 프로젝트를 추진할 때면 항상 모든 직원이 단합하고 자기 역량을 최고로 발휘하도록 노력한다. 그런데 지나치게 업무 분위기가 경직되지 않도록 내가 시간 날 때마다 각 부서를 돌아다니면서 "즐겁게", "재밌게" 하라고 말을 한다. 이와 함께 직원에게 밝은 표정으로 일하라고 한다. 당연히 임직원들에게도 즐겁게 일을 추진하도록 요청하고 있다. 이를 통해 직원들은 불필요한 긴장과 수직적 지시로 인한 스트레스에서 일정 정도 벗어날 수 있다. 그러면 더 일에 대한 집중도와 만족도가 높아져서 결과적으로 긍정적인 성과가 나온다.

프로젝트가 성공했을 때는 어김없이 직원들이 회식 자리를 갖는다. 전 직원이 모인 회식 자리도 있지만, 부서별 혹은 직원들끼리 삼삼오오 갖는 회식 자리가 많다. 유난히 우리 회사 직원들은 유대

관계가 좋아서 다른 부서의 직원들과도 잘 어울리다 보니 술자리가 많다. 특히, 회사 그만두시는 분이 생기면 이때는 새로 입사한 직원이 있기 마련이니까 회식 자리가 거나하게 열린다. 이때는 나도 참석해서 직원들과 어울린다.

회식 자리도 당연히 즐겁고도 재밌고 밝다. 사장인 나와 임직원이 있지만 직원들이 눈치를 보지 않게 마음껏 흥에 취해서 끼를 발산한다. 매달 여러 차례 회식 자리가 생기는데 설령 나는 직원들의 회식 자리에 참가하지 못하더라도 선뜻 카드를 내주고 있다.

"너희들끼리 한잔 해라. 나는 빠질게."

회사 점심시간에도 즐거운 회사 분위기가 이어진다. 회사 주차장에서 직원 10명 정도가 모여서 몰래 줄을 쳐놓고 배드민턴을 치곤 한다. 그러면 경비 아저씨가 줄을 거둬간다면서 뭐라고 한다. 직원들은 도망가지만 다시 몰래 배드민턴을 친다. 나는 이 사실을 알고 있지만, 그것을 '규범 위반'이라고 생각하지 않는다. 스트레스를 풀고, 건강을 다지는 직원들의 즐거운 문화라고 보고 있다. 당연히 나는 경비 아저씨가 직원들이 주차장에서 배드민턴을 쳐서 주차에 방해된다는 말을 들어도 모른 체하고 있다.

직원들이 자발적으로 즐거운 분위기를 만들어가는 데 앞장서고 있다. 새로 한 직원이 들어오면, 기존 직원들이 애정을 갖고 보살펴 주고 있다. 한번은 웹 디자인팀에 한 직원이 들어왔다. 그러자 직원 들이 웃으면서 그 신입에게 얘기를 했다.

"너 내일 나올 거니? 안 나올 거니?"

이렇게 농담하면서 웃고 떠들었다. 신입이 다음 날 출근하자 모 두 박수를 쳐주었다. 이런 식으로 신입이 회사에 적응할 때 누가 시키지도 않았는데 관심을 갖고 간식을 사주기도 하고, 게임을 하 기도 했다. 이로써 신입은 며칠 사이에 새 직장에 대한 긴장감이 사라지고, 직원들과 친밀한 유대관계를 만들게 되어 일에 대한 만 족도가 높다.

나는 수직적 지시에 따라 직원이 일을 하는 것보다는 어느 정도 직원이 자율성을 갖고 일하는 것을 좋아한다. 즐거운 분위기이지 만 일은 엄연히 일이다. 따라서 몇 번을 얘기했는데도 일을 못 하 면 언질을 준다. 그러면 직원은 바짝 정신 차려서 자기 역할을 해 낸다.

나는 직원 개개인의 업무 수행보다는 조직 전체 속에서 직원들 의 업무가 협업이 되고 소통되는 것을 매우 중요시하고 있다. 회사 에 뛰어난 성과를 내는 인재급 직원이 있더라도, 그 능력에 훨씬

미치지 못하는 직원들이 더 많기 때문에 이들이 하모니가 되어 일을 해야 생산성이 더 높다고 본다. 즐거운 조직 분위기에서 업무의 소통과 조화가 잘 되므로 능률이 매우 높다. 빠뜨릴 수 없는 중요한 것은, 요즘 MZ의 이직율이 높은 게 사실이지만 즐거운 조직 문화가 꽃피는 우리 회사에서는 MZ 이직율이 낮다.

'펀 경영(fun management)'은 회사를 즐거운 일터로 만들어 직원의 사기를 높임으로써 생산성을 향상시킨다는 이론이다. 나는 동대문에서 매장을 시작할 때부터 즐겁게 하자는 생각을 잊은 적이 없었고, 또 직원을 채용하여 회사 규모가 커갈 때도 이는 그대로 유지되었다. 이브이아이엔씨는 '즐겁게, 재밌게, 밝게'를 통해 펀 경영을 해가고 있다.

PART 6

신규 브랜드 출시와
온라인 쇼핑몰 성공 비법

신규 브랜드를
출시한 까닭

"이번에 진행된 도쿄 시부야 109 전시 현장에서 바이어와 일본 소비자들의 반응을 통해 자사 브랜드의 가능성을 또 한 번 입증하게 되어 기쁩니다. 현재 이브이아이앤씨 본사의 해외 사업부가 추가 채용을 진행할 만큼 여러 곳에서 자사 브랜드에 관심을 보이고 있어, 앞으로 해외 진출이 본격화될 예정이니 많은 기대 바랍니다."

2023년 10월에 이브이아이앤씨는 일본 TOKYU 그룹이 주최한 시부야 109 쇼핑몰 전시회에 참가했다. 이때, 많은 분들로부터 큰 호응을 이끌어 냈고, 나는 한국에 돌아온 후 모 신문에 그때의 소감과 계획을 피력했다. 시부야 109 전시회는 특별한 의미가 있었다. 기존의 앨리스마샤와 함께 신규 브랜드 누니 27(Nooni 27), 토에벵(Toar e ven)이 소개되었기 때문이다. 물론 이 신규 브랜드들이 큰 주목을 받았다.

2022년에는 신규 가방 브랜드로 누니 27, 토에벵을 론칭했다. 누니27은 20대 초중반의 여성을 타깃으로 한 영캐주얼 디자인과 첫눈에 보이는 버라이어티한 컬러감이 특징이다. 포인트로 하트를 잡았고 퍼스널 컬러를 핑크를 잡았다. 굉장히 젊고 톡톡 튀는 발랄한 느낌이 드는 색감을 좋아하는 친구들이 좋아할 만한 콘셉트를 잡았다.

토에벵은 모던한 디자인을 바탕으로 모든 연령대의 여성이 좋아할 만한 디자인을 지향하며, 합리적인 가격대의 브랜드다. 토에벵은 원래 앨리스마샤가 처음에 시도하고 싶었던 가성비 있는, 정말로 부담 없이 가져갈 수 있는 가방으로 기획한 것이다. 원가 절감을 하려면 불가피하게 해외 생산을 해야 했다.

국내에서 우리가 아무리 제조를 많이 하고 있지만 시간이 지남에 따라서 국내에 제조하시는 기술자분들이 너무 많이 은퇴를 하시고 있다. 그런데 새로 배우는 사람들이 없다 보니까 수요는 있는데 공급해 줄 수 있는 공급망이 점점 부족해질 것으로 예상하고 있다. 내가 나중에 중견기업 정도로 볼륨이 커져서 학생들을 가르치면서 제조 담당 직원을 만들 게 아니라면, 이제 나도 해외 생산에 발을 담그고 있어야겠다는 생각이 들었다. 토에벵은 해외에서 저렴하게 만들어져서 고객이 저렴하게 구매할 수 있는 콘셉트를 잡았다.

2024년에는 앨리스마샤 '블랙라인'을 론칭할 예정이다. 앨리스마샤 블랙은 내가 초창기에 오프라인에서 많이 판매할 때 고급 가죽 라인을 한번 만들어보고 싶어서 '블랙라인'이라고 만들어놨는데 잘 활용하지 못했다. 올해 유명 패션 디자이너와 콜라보 하면서 비싼 라인으로 새롭게 다시 꺼내기로 했다.

꼭 가죽만 있는 건 아니다. 가죽 중심으로 한 고급 라인인데 국내 최정상급 디자이너와 서울 패션 위크에서 두 시즌 콜라보레이션을 진행했다. 퀄리티가 굉장히 높으므로 목표는 명품과 견줄 수 있는 가방의 명품 브랜드를 만드는 것이다.

새로운 가방 브랜드를 론칭한 계기가 크게 두 가지가 있다. 첫 번째는 앨리스마샤 위주로만 팔리고 신상품들이 재고로 쌓이는 문제를 해결하기 위해서다. 이브이아이앤씨가 제조력 기반을 가지고 있다 보니까 계속해서 신상품을 개발을 해왔다. 그런데 실제로 팔리는 신상품은 거의 20~30% 정도뿐이었다. 나머지는 창고로 들어가는 경우가 많이 발생했다.

재고 부담도 있고 판매가 안 될 시 리스크가 너무 커서 고민에 빠졌다. 마침, 온라인으로 전향하면서 서울 스토어 등 유명 패션 플랫폼의 MD들과 친분을 많이 가지고 있었는데, 그분들에게 제휴를 제안했다.

"내가 브랜드를 만들면 그곳에서 잘 팔아주세요. 내가 잘하는 것은 디자인이고 브랜드를 만드는 것입니다. MD님이 확실하게 많이 팔아주십시오."

상대편에서도 상당히 호의적인 반응을 보였다. 이브이아이앤씨의 가방 디자인과 품질을 믿었기 때문이다. 당시, 무신사나 대명화학(코웰패션, 온라인 쇼핑몰 패션플러스 등 200여 개 패션 브랜드 소유) 같은 패션 기업들이 한창 가능성 있는 브랜드에게 투자하고, 그 브랜드를 수면 위로 끌어올려 매출을 일으킨 후에 투자금을 회수하고 있었다.

나는 직접적으로 투자를 받은 적이 없었다. 따라서 신상품 재고 문제를 풀기 위한 방편으로 패션 플랫폼에 제휴를 제안했다. 플랫폼에서도 뭔가 득이 있어야 하므로, 플랫폼에 독점적으로 일정 기간 최저가로 물건을 판매하기로 했다. 플랫폼과 얘기가 잘 되어 진행을 시작했다. 신규 브랜드의 콘셉트에 맞춰서 신상품 디자인 개발을 하고 브랜드 론칭을 했다. 이때 누니 27, 토에벵이 출시되었고, 자연스럽게 재고 문제가 사라졌다.

두 번째로 직원을 사장으로 만들어 주기 위해서다. 오랫동안 같이 손발을 맞추어온 직원들이 있는데 어떻게 하면 이 친구들이 안 떠나고 나랑 계속 같이 할 수 있을까 고민을 많이 했다. 직원들이 성장하고 많이 배워서 사장이 되면 축하해 주고 박수쳐주고 싶은 게 사실이지만, 사람 욕심 때문에 내 옆에서 나와 같이 오랫동안 일하게 하고 싶었다.

통상적으로 유명 패션 기업들은 한 브랜드를 선택하여 지분 70%를 갖고, 지분 30%를 브랜드 대표에게 주고 투자를 한다. 그런 후 많이 팔게 도와주고 엑시트를 하거나 M&A를 한다. 이 방식과 다르게 하고 싶었다. 나는 브랜드를 직접 키운 다음 그 브랜드를 오래 근무한 키맨이 대표가 되어 운영하게 해주고 싶었다.

실제로 토에벵이라는 브랜드는 아직 법인 전환을 하지 않았다. 이 브랜드의 대표 자리는 이브이아이앤씨에서 8년 정도 근무한 MD 김**실장님에게 넘겨주기로 구두 약속을 해놨다. 이를 통해 신규 브랜드를 추가로 론칭하게 되었다.

신규 브랜드를 론칭하면 쉽게 잘 될 줄 알았지만 현실은 그렇지 않았다. 아무래도 신규 브랜드에 맞는 조직이 꾸려진 게 아니기 때문이다. 처음에는 앨리스마샤를 운영하는 MD 팀원들이 서브 브랜드를 관리하다 보니까 어느 순간 집중도가 분산이 되었다. 앨리스마샤의 효율이 떨어졌고, 힘들게 키운 서브 브랜드들이 같이 못 따라오는 것 같아서 정체기를 가졌다.

그렇지만 꾸준히 신규 브랜드를 알리는 작업을 해왔다. 1년에 두 번 룩북 촬영을 했고, 콘셉트북을 개발했으며 그리고 자료를 만들어 유명 플랫폼 MD들에게 배포했다. 마침내 노력의 성과가 나오기 시작했다. 일본의 쇼핑몰 전시회나 태국의 오프라인 팝업스토어에 갔을 때, 그쪽 바이어들이 앨리스마샤 상품만 가져가는 게 아니라 신규 브랜드를 같이 집어갔다. 앨리스마샤의 상품 디자인을 10개를 선택하면, 서브 브랜드들의 디자인들도 똑같이 5~10개씩을 선택함에 따라 신규 브랜드의 판매율이 계속 올라가고 있다.

신규 브랜드의 수출 실적이 세 배 네 배로 높아지고 있다. 누니27, 토에벵 브랜드 상품이 꾸준히 팔리고 있다. 한 브랜드에 멈추지 않고 계속해서 새로운 브랜드를 만들다 보니 좋은 기회가 만들어지고 있다.

현재, 신규 브랜드의 출시와 발맞추어 기존의 앨리스마샤 브랜드는 '앨리스'와 '마샤' 2개의 콘셉트로 나누었다. 앨리스마샤가 10년 되다 보니, 초창기의 고객이 이제는 나이가 30대가 되었다. 30대가 되면, 기존의 앨리스마샤 가방은 가성비 있는 가방일 뿐 나이에 맞지 않는 가방이 된다. 따라서 젊은 느낌의 단어 '앨리스'와 나이가 든 느낌의 '마샤'를 분리하여, 전자는 20대 초반을 타깃으로 잡았고 후자는 30~40대 여성 타깃으로 잡았다. 이는 두 고객층을 잡은 효과를 내어 매출고를 높여주고 있다.

의류 브랜드
라임라이크로의 확대

　가방 브랜드들의 판매가 모두 안정적으로 이루어지고 있을 때, 차츰 옷을 하고 싶은 생각이 들었다. 가방과 어우러지는 어패럴 곧 토탈 느낌의 콘셉트로 하고 싶었다. 그렇지만 가방과 의류는 엄격히 다른 분야이므로 가방에서 성공했다고 섣불리 의류에 도전하지 말아야 한다. 의류는 가방보다 더 넓은 시장인데 그만큼 많은 경쟁자들이 우후죽순으로 생겨나고 있다. 그래서 의류 사업을 하고 싶은 마음은 간절했지만 쉽게 착수하지 못했다.

　이브이아이앤씨는 3년 전에 의류 브랜드 라임라이크(Limelike)를 론칭했다. 과연, 어떻게 이 브랜드가 탄생했을까? 라임라이크 브랜드를 론칭할 기회는 우연히 찾아왔다. 코로나 시절에 내가 너무 옷을 하고 싶어서 예전의 회사 1층 커피숍에 쇼룸을 만들어 놓았다. 회사의 2~5층은 사무실로 사용하고 있었다. 하루는 1층 커피숍에서 직원들과 회의를 했다.

"이 옷에 대해 한 명씩 의견을 말해보세요."

이때, 한 여성 손님이 커피숍에 들어왔다. 나는 그 여성 손님에게 다가갔다.

"혹시 이 옷 어떤지 의견을 물어봐도 될까요?"

그 여성이 웃음을 지었다.

"내가 의류 회사를 운영하고 있어요."

그 여성 손님은 그 자리에서 내가 손에 든 옷의 좋은 점과 단점을 전문가적으로 짚어주었다. 상당히 유익한 의견을 주셨는데 역시나 의류 사업은 함부로 하는 게 아니라는 생각이 들었다. 그 뒤로 의류 브랜드는 언제 출시가 될지 모른 상태가 되고 말았다. 어쩌면 영영 내가 바라던 의류 브랜드는 세상에 나오지 못할 수가 있었다.

얼마 후에 거래하는 은행에서 전화가 왔다.

"라임라이크라는 일본 무역회사가 있습니다. 근데 그쪽에서 관리하는 일본 바이어가 대표님의 1층 쇼룸 커피숍에서 커피를 마시다가 대표님이 만든 가방을 봤는데 수입하고 싶다고 합니다. 라임라이크 쪽에 대표님의 연락처를 공유를 시켜드려도 되겠습니까?"

"네, 그렇게 해주십시오."

스마트폰을 든 손이 부들부들 떨릴 정도로 놀라웠다. 서울 변두리의 작은 카페에 진열된 옷을 보러 일본 바이어가 찾아왔다는 것이 믿기 힘들었다. 하지만 모두 생생한 현실이었다. 얼마 후, 라임라이크 대표를 만나는 자리에서 일전에 쇼룸 카페를 방문했던 여성 대표를 만났다.

그 여성 대표는 바이어를 가지고 있는 일본 무역회사에 OEM으로 옷을 제작해주고 있었다. 은행의 소개로 다시 조우하게 되었다. 그렇지만 곧바로 그 대표와 함께 의류 브랜드를 하게 된 것은 아니다. 투자에 대한 위험 부담이 너무나 컸기 때문이다.

이때, 과거에 유명 청바지 브랜드를 출시했던 지인 형님에게 의류회사 여성 대표를 소개해주었고, 그 여성 대표님과 중년 남자 옷 사업을 해보기로 했다. 투자를 받아온 지인 형님이 기획을 하기로 하고, 여성 대표는 옷을 만들고, 나는 유통을 하기로 했다. 안타깝게도 투자가 중단되면서 남자 옷 사업은 공중분해가 되고 말았다.

지인 형님에게 소개를 하고, 또 함께 사업을 하도록 설득을 했던 내가 의류회사 여성 대표에게 무척이나 미안했다. 내가 무책임한 사람으로 비칠까 걱정되었다. 한동안 고민을 한끝에 결심하고 여성 대표에게 말했다.

"우리 함께 브랜드를 키워보자구요. 내가 힘닿는 데까지 지원하겠습니다."

가방 브랜드 사업 별도로 의류 브랜드 사업을 하려면 그 브랜드에 올인해 줄 대표가 있어야 한다. 아무리 물류나 웹팀 같은 시스템이 갖춰져 있더라도 메인에 대표가 없으면 그 브랜드는 성공할 수 없다. 다행히 나에게는 의류회사 여성 대표가 있어서 든든했다. 나머지는 이브이아이앤씨에서 모두 뒷받침을 해줄 수 있었다.

라임라이크 브랜드가 출시가 되었고 반응이 좋았다. 이 브랜드명은 일본 무역회사 이름인 라임라이크를 따와서 의류업 상호로 만들었다. 라임라이크에는 별도의 여성 대표가 있다. 그러면서 이브이아이앤씨에 라임라이크 팀이 만들어져서 라임라이크 브랜드 제품들을 출시하고 있다. 전문가가 의류 브랜드 라임라이크 대표를 맡으니까 시행착오를 겪지 않고 있다. 그리고 가방에 전념하는 내가 신경을 쓰지 않아도 잘 굴러가고 있다.

신규 브랜드를 론칭하면서 회사 규모를 키우고자 할 때 회사 자체의 힘만으로는 부족할 수 있다. 이때, 신규 브랜드 사업을 오랫동안 해온 외부의 회사 대표의 힘을 빌리는 방법이 있다. 그 회사 대표가 그대로 직함을 유지하는 것과 동시에 회사 내부에 별도의 신규 브랜드팀을 구성한다면, 투자되는 시간과 비용이 대폭 줄어들 뿐만 아니라 위험 부담이 감소한다. 그러면서 성공 확률이 매우 높아진다.

여러 개의 가방 브랜드와 함께 의류 브랜드 라임라이크가 만들어지다 보니. 새로운 목표가 생겼다. 이제는 정말로 패션 전체를 아우르는 회사의 대표가 될 수 있겠다는 생각이 들었다. 회사가 잘되어 나중에 상장을 한다면, 나는 수천억대 매출의 패션 기업 회장님의 반열에 들 수가 있을 것이라고 본다.

온라인 쇼핑몰의
브랜딩 공식

　예전이나 지금이나 온라인 쇼핑몰 창업을 하시는 분들에게는 기본적으로 편의성이 많이 제공되고 있다. 그래서 패션에 관심 있는 여성이라면 누구나 쉽게 시도를 해볼 수 있는 것이 온라인 쇼핑몰이다. 동대문의 신상마켓이나, 직접 발품을 팔아서 동대문에서 예쁜 물건을 사입한 후 예쁘게 사진을 찍어서 고객에게 어필하고 판매를 하는 것이 온라인 쇼핑몰의 기본적인 베이스이다. 이때, 잘 팔리는 예쁜 물건을 초이스하는 것은 누구에게나 있는 능력이 아니다.

　일단 온라인 쇼핑몰을 창업한 후에 장사가 잘된다고 해도 어느 순간에 벽에 부딪히게 된다. 점차 동대문에서 물건을 직접 만드는 데가 많이 없어지고 있는데 직접 제조를 하기에는 금액적인 부담과 재고 부담이 크기 때문이다. 결국, 중국 물건을 파는 수밖에 없다. 중국에서 들여온 물건에 동대문에서 1차 마진을 붙이게 되고 또다시 그것을 쇼핑몰 하는 분들이 2차 마진을 붙여서 소비자에게 판매한다. 이러다 보면 제품의 가격 경쟁력이 떨어져서 판매 곡선이 우하향으로 바뀌게 된다.

더욱이 갈수록 온라인 쇼핑몰 창업자에게 불리하게 작용하는 거대 플랫폼과 비즈니스 환경이 크게 증가하고 있다. 예전에는 중국을 가지 않아도 알리바바나 1688에서 물건 공급이 가능했다면, 지금은 알리익스프레스를 통해서 공급하거나 혹은 태국이나 중국에 직접 진출해서 국내에 B2C를 하고 있다. 사실, 이곳에 있는 상품들은 실제로 동대문에서 사입하는 물건과 동일하다. 그런데 중간 마진이 없어서 가격이 굉장히 저렴하다.

이제 온라인 쇼핑몰 창업자가 점점 성공은커녕 생존하기가 힘들어지고 있다. 이러한 현시점의 문제 상황을 냉철하게 직시하고 대응해야만 살아남을 수 있다. 나는 패션계 종사자와 쇼핑몰 창업자들 대상으로 강연을 할 때마다 강조하고 있다.

"현재의 위기 상황을 헤쳐갈 수 있는 방법은 하나입니다. 곧, 브랜딩입니다."

브랜딩이라는 것을 사람들이 굉장히 어렵게 생각하는 것 같다. 나도 한동안 헤매기도 했지만 이제는 브랜딩이 무엇인지를 정확히 깨달았다. 브랜딩은 한마디로 표현하면 이렇다.

'액자에 퍼즐을 맞춰서 그림을 만들기'

'액자'는 타깃(Target)이자 콘셉트(Concept)이며, '퍼즐'은 나의 장점(My Strengths)으로 제품 개발역량과 홍보이며, '그림'은 고객의 마음에 제품 브랜드를 각인시키기다. 타깃과 콘셉트를 명확히 함으로써 정확하게 액자를 향해야 하며, 회사는 장점(자원)을 모두 동원하여 제품을 개발하고 광고 홍보를 함으로써 퍼즐을 맞춘다. 이로써 고객 마음에 상품과 브랜드를 호의적으로 받아들이게 하여 그림이 완성된다. 이것이 나만의 브랜딩 철학이다.

쇼핑몰 창업 희망자를 종종 만난다. 그들 가운데에서 첫 단추부터 잘못 단 분들이 더러 있다. 그들은 '액자' 곧 타깃과 그에 따른 콘셉트가 명확하지 않다. 그냥 자기가 유명 인플루언서니까 자기가 좋아하는 옷을 한다고 나오는 경우는 어김없이 실패의 길로 들어선다. 진정한 브랜딩은 다음의 3가지로 이루어진다.

첫째, '액자' 곧 타깃과 콘셉트를 분명히 하기다. 예를 들어서 홍대에서 팔리는 옷을 만들고 싶다면, 홍대에서 멋진 옷을 입은 사람들이 과연 누구냐에 대해 타깃을 분석해야 한다. 예를 들어 음악하는 사람들이 타깃이라는 식으로 구체적으로 잡아내야 한다. 그다음 그들에 맞는 상품 CD를 협찬해야 하고 또 그들이 좋아할 만한 상품을 초이스를 해야 한다. 그리고 콘셉트는 음악하는 사람들이 좋아하는 디자인이어야 한다. 고객들이 옷을 보자마자 이런 말이 나와야 한다.

"이 옷은 홍대에서 유행하는 거잖아. 음악하는 사람들은 다 이 브랜드를 입잖아."

이렇게 된다면, 타깃과 그에 따른 콘셉트가 잘 정해진 것이다. 이로써 '액자'가 만들어진 것이다.

둘째, '퍼즐' 곧 나의 장점을 잘 파악하고 그것을 통해 제품 개발과 광고 홍보하기다. 다른 사람과 비교할 때 과연 내가 무엇을 잘하는지를 냉정하게 살펴볼 필요가 있다. 내가 인플루언서냐, 포토샵을 잘하냐, 사진을 정말 잘 찍느냐, AI를 잘 활용해서 사진을 잘 만들어서 올리냐 등 어느 하나가 있어야 한다. 그 어느 것도 없다면 사실상 퍼즐 조각이 부족한 것과 같다. 그림이 완벽하게 만들어질 수 없다. 자신의 장점을 파악한다는 것은 곧 퍼즐 조각을 모두 준비하는 것과 같다. 퍼즐 조각이 모두 준비되었다면, 액자에 퍼즐을 맞춰나가면 된다.

셋째, '그림', 곧 소비자 마음에 브랜드 각인하기다. 액자에 퍼즐이 하나씩 맞춰지고 결국에는 그림이 완성된다. 자신이 바라던 그림 곧 소비자 마음에 브랜드를 각인시키기가 성공하게 된다. 이로써 브랜딩이 완성된다.

대다수 실패하는 쇼핑몰 창업자들은 액자(타깃과 콘셉트)도 생각안 하고 그냥 단순하게 퍼즐(내가 잘하는 것, 좋아하는 것)만 가지고 그림을 만들려고 하는 것과 같다. 따라서 결코 그림(소비자 마음에 제품 브랜드를 각인시키기)이 완성될 수 없다. 액자(타깃, 콘셉트)가 구체화 되지 않은 채로 퍼즐을 맞추려는 시도는 마치 허공에 퍼즐을 갖다 놓는 것과 같아서 그대로 퍼즐이 바닥에 떨어지고 만다. 막연히 쇼핑몰 하고 싶어서, 브랜드를 하고 싶어서, 인플루언서라서 창업을 하지만 실패하는 분들이 다 이런 식이다.

점점 더 온라인 쇼핑몰을 하기가 어려워지고 있다. 이런 창업 환경에서 살아남으려면 온라인 쇼핑몰 창업자는 남달라야 한다. 고객의 마음속에 제품 브랜드를 각인시킴으로써, 고객이 호의적으로 제품을 받아들이고 구매하게 만들어야 한다. 이를 위해 필요한 것이 브랜딩이다. 브랜딩은 액자를 만들어 놓은 후에, 정확한 퍼즐 개수를 준비해서 퍼즐 맞추기를 해나감으로써 그림을 만드는 과정이다.

상대평가의 플랫폼에서
살아남으려면?

통상적으로 자체 쇼핑몰에 많은 고객들이 유입되기가 굉장히 힘들다. 고객 유입을 유도하기 위해서는 많은 돈을 써서 광고를 해야 하고, 대표가 인플루언서로 유명해져야 하는 등 여러 가지 방법을 시도해야 하는데 시간도 많이 걸린다. 막상 이렇게 해도 극소수만 꾸준히 고객 유입을 기대할 수 있는 게 현실이다.

이런 이유로 해서 쇼핑몰 업체는 고객 유입을 위해 유명 플랫폼을 활용하고 있다. 지그재그, 에이블리 같은 플랫폼에 입점해서 다른 업체와 경쟁을 하고 있다. 그런데 플랫폼 입점이 곧 많은 고객 유입으로 직결되지 않는다. 업체 간의 치열한 경쟁이 벌어지고 있다 보니, 대부분 장사가 잘되지 않으며 적자의 늪에 빠지고 만다.

나는 다년간 자사몰 운영자와 플랫폼 입점자들의 특징을 비교 분석을 해왔다. 그 결과 쇼핑몰 창업자가 자사몰을 운영할 때는 자기 스스로에 대해 절대평가가 이루어진다고 본다. 거의 대부분 자기에 대해 합격점의 후한 점수를 매겨서 안주하기 때문에 제대로 브랜딩이 되어 있지 않다. 그러다 플랫폼에 입점할 때 여러 업체들 사이에 상대평가가 이루어진다. 1등부터 꼴찌까지 서열이 촘촘하게 매겨지기 때문이다. 상대평가가 이루어지는 플랫폼에서는 안일하게 절대평가하고 제대로 브랜딩이 안된 쇼핑몰은 도태되고 만다.

　쇼핑몰 운영자는 자사몰을 운영하다가 플랫폼에 입점하는 순간 상대평가를 받는다. 나와 똑같은 타깃, 콘셉트를 내세우면서 장사 잘하는 업체와 경쟁을 해야 하기 때문이다. 이 정글 같은 플랫폼의 생태계 속에서 대부분 도태될 수밖에 없는데 구체적인 이유는 경쟁하기 위해서 최악의 수로 가격 인하를 내세우는 것밖에 할 수 없기 때문이다. 초기에는 가격 인하가 반짝하고 효과를 내는 듯하지만 금방 효력을 잃어버리는 것이 다른 업체도 가격을 내리기 때문이다.

　경쟁업체를 따라서 가격을 인하하다 보면 결국에는 마진이 줄어들게 된다. 가격을 다운하면 여기서 그치는 게 아니라 플랫폼 상위 노출을 시켜야 하므로 또 돈 지출을 하여 광고를 해야 한다. 그리고 플랫폼 MD에게도 더 할인을 하는 조건으로 노출이 잘되도록 협의 요청을 하게 된다. MD 입장에서도 자기가 관리하는 쇼핑몰이 상단에 노출되어 매출이 많이 되는 것이 자기네 실적으로 인정받기 때문에, 더더욱 많은 매출을 일으키기 위해 쇼핑몰 업체에 할인을 요청한다. 그 결과, 자본이 많은 쇼핑몰업체를 좋은 자리에 노출시키게 된다.

이런 식으로 1년이 지나 보면 쇼핑몰 업체에 남는 게 하나도 없고 오히려 돈 지출만 되는 악순환이 반복되고 만다. 실제로 나는 수많은 쇼핑몰업체가 이런 식으로 하나둘 사라지는 것을 봐왔다. 정말로 고생만 하고, 잠을 줄여가면서 열심히 택배 포장을 했는데 결국에는 남는 거 하나 없고 세금만 두들겨 맞고 나동그라지는 경우를 너무 많이 접했다. 유명 플랫폼에 입점한다고 해서 다 잘 되는 게 아니다. 냉혹한 상대평가가 이루어지기 때문이다.

앨리스마샤는 플랫폼에 입점할 때 가격 인하를 하지 않고도 승승장구하여 지금의 일등 브랜드가 되었다. 앨리스마샤는 타깃과 콘셉트를 정한 후 나의 장점(제품개발역량)을 이용해, 고객의 마음에

브랜드를 각인시키는 브랜딩을 했다. 스스로에 대해 절대평가를
하여 합격점을 준 상태였다.

이것은 다른 업체들과 확연히 달랐다. 대다수 다른 업체들은 허
술하게 타깃, 콘셉트 설정을 하고 또한 자기 장점(제품개발역량)을 분
석하는 것을 도외시함으로써 실질적으로 고객 마음에 브랜드를 각
인시키는 브랜딩 작업에 성공하지 못했다. 그럼에도 자아도취가
되어 스스로에게 합격점을 주는 절대평가를 했다.

앨리스마샤가 절대평가에서 단단하게 브랜딩이 된 업체로 플랫
폼에 입점하자, MD들이 앨리스마샤를 다르게 보면서 솔깃한 제안
을 해왔다.

"앨리스마샤는 확실히 다른 업체와 다르네요. 앨리스마샤 제품
을 우리 경쟁사에 팔지 말고 우리한테만 팔 수 있도록 해주세요."

내가 MD에게 여쭤봤다.

"특별히 우리 제품을 좋게 봐주는 이유라도 있습니까?"

"앨리스마샤는 타깃과 콘셉트가 명확합니다. 2030 여성을 대상
으로 트렌디하고 뛰어난 가성비를 내세운 것이 그렇습니다. 2030
여성이라면 누구나 앨리스마샤 브랜드를 기억하고 구매할 의사가
있다고 봅니다."

앨리스마샤가 브랜딩이 잘 된 것을 알아본 것이다. 따라서 앨리

스마샤는 잘못된 길을 걸어가지 않았다. 가격도 내리고, 할인도 하고, 쿠폰도 지급하면서 결국에는 재고가 쌓이고 남는 게 없어서 마이너스 사업을 하는 길을 애초에 얼씬도 하지 않았다.

단단하게 브랜딩이 된 앨리스마샤는 플랫폼 MD와 당당하게 협상 테이블에 앉을 수 있었다. MD가 먼저 자기네 플랫폼에 독점권을 주라는 제의를 해왔는데 이때 나는 MD에게 제안을 할 수 있었다.

"좋습니다. 그러면 MD님은 우리에게 뭘 해줄 수 있습니까? 어떻게 마케팅을 해줄 수 있습니까?"

이로써 플랫폼과 앨리스마샤는 서로 원윈하는 제휴를 맺게 되었다. 앨리스마샤는 위험한 가격 할인을 하지 않아서 좋았고, 더 나아가 플랫폼에서 알아서 마케팅을 계속 진행해주었다. 플랫폼은 엄청난 자금을 투자하여 자체 플랫폼뿐만 아니라 네이버, 인스타, 유튜브 등 고객이 많이 찾는 SNS에서 마케팅을 적극적으로 펼쳐주었다. 나는 돈 한푼 들이지 않고 공짜로 마케팅을 했고, 그러면서 돈도 많이 벌게 되었다.

최근, 너무 빠르게 중국의 알리익스프레스와 테무가 한국으로 진출하고 있다. 예전에는 중국 플랫폼에서 좋은 상품을 빨리 소싱

하고 컨택하여 국내에서 파는 게 가능했고, 또 후발주자가 들어오면 단가를 낮춰서 팔다가 새로운 상품을 찾는 게 어느 정도 가능했다. 사진만 하더라도 동대문 신상마켓이나 중국의 플랫폼에서 가져오면 되었다. 그런데 상황이 크게 급변했다. 예전의 방식으로는 쇼핑몰 업체들이 살아남기 힘들어졌다. 가격 경쟁 속에서 거의 다 나가떨어질 것이 눈에 선하다.

이제는 자기만의 브랜딩이 되지 않으면 살아남을 수 없는 환경이 되었다. 스스로의 절대평가를 할 때 단단하게 브랜딩이 되어야 한다는 말이다. 어설프게 대충 브랜딩을 하는 것은 실패의 함정으로 내모는 절대평가일 뿐이다.

혹자는 앨리스마샤 브랜딩이 처음부터 저절로 잘 되지 않았냐고 묻는다. 절대 그렇지 않다는 것을 말씀드리고 싶다. 나는 브랜딩이라는 나무를 땅에 심고 물과 거름 주고, 햇볕을 쬐게 하고, 그리고 가지치기를 하면서 오랜 시간 공을 들여왔다. 그 결과 지금처럼 우람한 나무가 되었다고 말씀드린다. 시행착오를 염두에 두면서, 브랜딩이라는 나무를 키우기 위해서는 시간과 땀을 바쳐야 한다. 그러면 브랜딩이라는 우람한 나무를 세상 사람들이 다 알아보고 인정을 해준다. 그때, 플랫폼에 들어가서도 고객 유입 걱정을 크게 하지 않아도 된다.

처음부터 완벽해지기는 어렵다. 거창하지 않아도 되니까 일단 명확하게 브랜딩을 시작하고 더 발전시켜가자. 그러면 차차 단단하고 정교해진 브랜딩이 완성이 된다.

PART 7

구매 전환율 높이는
마케팅 비법

EV INC

"제품을 사야 하는 이유를 만들어야 해요."

"고객은 사야 하는 이유를 모르면 절대 지갑을 열지 않아요. 따라서 고객이 우리 제품을 사야 하는 이유를 만들어줘야 합니다."

내가 직원들한테 일을 시키면서 강조하는 것이다. 특히, 이벤트와 마케팅 기획을 할 때면 누누이 신입 직원은 물론 기존 직원과 MD 실장에게 입술이 닳도록 말하고 있다. 이를 통해 직원들이 실수로 잊어버리지 않고 그것을 업무에 반영하도록 하고 있다.

이브이아이앤씨는 고가의 사진 장비를 도입했다. 이로써 디자인팀 직원들이 사진의 누끼(배경) 삭제와 보정 작업을 하는 데 시간을 허비하는 일이 사라졌다. 디자이너들은 많은 시간을 예쁘게 상품을 디자인하는 데 자신의 재능을 마음껏 펼치고 있다. 나는 디자이너들이 양질의 제품 디자인 작업을 독려할 때도 고객이 우리 제품을 사야 하는 이유를 만들어야 한다고 강조하고 있다.

"대표님, 이번 달 초에 1일 30% 할인 이벤트를 진행할까 합니다. 그러면 고객이 사야 하는 이유가 만들어져서 판매가 많이 될 것이라고 생각합니다."

영업&마케팅부의 한 직원이 이벤트에 대한 의견을 피력했다. 그는 유명 패션기업 마케팅 부서에서 근무했다가 최근 우리 회사에 입사했다. 그 직원은 내가 평소에 강조한 것을 놓치지 않고 이번 이벤트에 반영하고자 했다. 내가 직원에게 물었다.

"1일 30% 할인 이벤트는 고객이 사야 하는 이유를 만들지 못한 것입니다."

그 직원이 이해하지 못하는 듯해서 자세히 설명을 해줬다. 예를 들어서 한 패션기업에서 A라는 제품을 만들어서 프리오더를 걸거나 신상품 론칭을 한다고 하자. 이때, 1일 50% 할인 이벤트를 한다. 그러면 사는 사람도 있겠지만 안 사는 사람도 많다. 사는 사람만 사고, 안 사는 사람은 안 사기 때문에 이것은 사야 하는 이유를 만들지 못한 것이다.

그런데 이 기업에서 2주일 후에 다시 A상품을 1일 50% 할인을 한다고 하자. 그러면 처음 할인 때 제품 구매를 놓쳤던 고객이 관심 갖고 보는데, 50% 할인을 하루밖에 안 한다는 것을 알게 된다. 고객은 촉박해진다.

'이번에도 하루만 50% 할인하네. 하루 지나면 또 못 사잖아. 얼른 구매해야겠다.'

고객은 처음 할인을 놓쳤다고 생각하여 이번에는 사야겠다고 생각한다. 이로써 두 번째 할인을 할 때 비로소 고객이 사야 하는 이유가 만들어지는 것이다.

직원들이 많이 놓치는 점이 바로 이것이다. 첫 번째 이벤트 자체로 고객이 사야 하는 이유가 온전히 만들어졌다고 오해하면서 다음 행위를 하지 않는 것이다. 우리 회사 직원들도 가끔씩 놓치고 있으며, 대부분 비즈니스하는 회사에 놓치는 것이 바로 이것이다.

두 번째 이벤트를 하기 위해 첫 번째 이벤트를 하는 것이며, 세 번째 이벤트를 위해 첫 번째와 두 번째 이벤트를 하는 것이다. 이벤트를 단발적으로 끝내지 않고 연이어 진행한 후 마지막 이벤트를 할 때 고객에게 사야 하는 이유가 생기게 된다. 더 나아가서 마지막 이벤트에서 사야 하는 의미를 제시한다면 더 높은 판매 효과가 나타난다.

마케팅은 이렇게 해야 한다. 그렇지만 대부분 비즈니스하는 분들은 처음 행위(이벤트) 뒤에 이어지는 행위(이벤트)를 계획하지 않고, 기간을 정해서 일회성 할인 이벤트를 하고 있다. 그러면 고객은 사야 할 이유를 모르니 안 산다.

요즘 쇼핑몰하는 분들치고 SNS 광고 안 하는 경우가 없다. 특히, 패션업체들은 사진 이미지 중심의 인스타그램에서 활발히 광고를 하고 있다. 이때 기본적으로 기억해둬야 하는 것이 **고객이 제품을 인지하고 구매하기까지의 단계를 나타내는 '마케팅 퍼널 (marketing funnel)'이다. 다음의 5단계로 이루어져 있다.**

1. **인지 단계** (Awareness): 고객이 제품 또는 서비스를 인지하는 단계이다. 이 단계에서는 마케팅 활동을 통해 제품 또는 서비스에 대한 정보를 전달하고, 고객의 관심을 유발해야 한다.

2. **관심 단계** (Interest): 고객이 제품 또는 서비스에 대한 관심을 가지는 단계이다. 이 단계에서는 고객이 제품 또는 서비스에 대해 자세히 알아보고, 필요에 따라 추가 정보를 요청할 수 있도록 해야 한다.

3. 고민 단계 (Consideration): 고객이 제품 또는 서비스를 구매하기 전에 고민하는 단계이다. 이 단계에서는 고객이 제품 또는 서비스를 비교분석하고, 구매 결정을 내리기 위해 필요한 정보를 제공해야 한다.

4. 구매 단계 (Purchase): 고객이 제품 또는 서비스를 구매하는 단계이다.

5. 충성 단계 (Retention): 고객이 제품 또는 서비스에 만족하고, 재구매 또는 추천을 할 가능성이 높은 단계이다.

이 5단계를 머릿속에 그리면서, 인스타 광고를 하는 것이 매우 효과적이다. 한 쇼핑몰 업체에서 인스타그램에 피드광고를 할 경우, 타깃을 분석하여 트래픽 광고와 전환광고(구매 유도)를 할 수 있다. 이때 4개의 콘텐츠를 만들어서 4회 광고를 한다고 하자. 그러면 마지막에 고객이 사야 하는 이유를 만들어서 구매를 유도해야 한다.

따라서 첫 번째에서 세 번째까지는 트래픽 광고를 하고, 네 번째에서 전환 광고를 하는 것이 좋다. 3회의 트래픽 광고는 마케팅 퍼널의 5단계에서 1~3단계에 해당되며. 마지막 전환광고는 마케팅 퍼널의 5단계에서 4번 구매단계에 해당되는 것이다.

피드광고를 4회 진행하는 쇼핑몰 업체는 첫 번째로 50% 세일 광고를 하고 나서 30% 세일 광고를 하고, 그 다음 50% 세일 광고를 하자. 이 뒤를 이어서 마지막에 특별히 일일 60% 세일을 광고하자. 그러면 3회의 광고는 트래픽광고로 잠재고객들을 끌어모을 수 있으며, 이 잠재고객 대상으로 마지막 전환 광고를 세팅하면 고객에게 무조건 사야 하는 이유가 생기게 된다. 거듭 강조한다.

"인스타그램의 트래픽 광고들을 세 번 태우고 나서 마지막에 전환 광고를 태우세요. 세 번의 트래픽 광고를 봤던 사람들이 모여져 있기 때문에 그 타깃을 대상으로 마지막에 전환 광고를 태울 때 판매가 확 올라갑니다. 광고를 여러 번 봤던 사람이 마지막으로 광고를 접하면 구매 전환율이 굉장히 높습니다."

이런 기본적인 전략을 생각 안 하고 대다수 쇼핑몰 업체는 브랜드 론칭하면서 우리 상품이 좋다면서 50% 세일을 한다. 그러면서 단순히 다른 곳보다 싸기 때문에 팔릴 것이라고 생각하지만 그것은 오산이다. 안 팔린다. 마케팅 퍼널을 기본 전제로, 트래픽 광고에 이어 마지막 전환광고할 때 고객이 사야 하는 이유가 생긴다는 것을 인지하자.

고객을 열광하는
팬으로 만들기

대부분의 패션 온라인 쇼핑몰 업체들이 제품을 파는 데만 혈안이 된 나머지 놓치고 있는 게 있다. 고객에게 감사하다는 마음가짐, 곧 고객에 대한 서비스를 도외시하고 있다. 바쁘다거나 인력이 부족하거나 자금이 부족하다는 핑계를 대지만, 정작 고객에게 진심으로 감사를 표시하는 것은 많은 돈과 시간이 요구되지 않는다.

많은 온라인 쇼핑몰 업체들은 고객이 비대면으로 제품을 구매한다고 해서, 주문 제품을 포장해서 보내는 것으로 만족하는 경향이 있다. 하지만 고객은 오프라인 매장에서 제품을 구매하든지, 온라인 쇼핑몰에서 제품을 구매하든지 판매자로부터 특별하게 서비스를 받는다는 느낌을 받길 원한다.

예를 들어 비슷한 맛과 가격의 돈까스집 A와 B가 있다고 치자. 그런데 A가게의 사장님이 항상 생글생글 미소를 지우면서 고객 응대를 하면서 고객이 들어오고 나갈 때 먼저 인사를 한다고 하자. 이에 반해 B가게 사장님은 늘 무표정한 얼굴을 하면서 고객에게 먼저 인사를 하지 않는다. 그렇다면 고객은 이 두 가게 중에서 어느 가게가 더 끌릴까? A가게이다.

고객은 온라인 주문을 한 후 택배로 포장된 제품을 받지만 더 끌리는 쇼핑몰이 있고, 그렇지 않은 쇼핑몰이 있다. 전자의 쇼핑몰은 어떤 식으로든지 고객에 대한 감사의 표시를 하는데, 대표적으로 감사의 멘트를 전달하는 것과 함께 쿠폰을 지급하는 것이다.

고객을 규정할 때, 편협하게 자사몰에 회원 가입을 하고 제품을 구매한 고객만으로 한정할 이유가 없다. 우리 제품을 구매한 분은 물론 회원 가입을 했지만 우리 제품을 구매하지 않은 분도 고객이다. 여기서 더 나아가서 플랫폼에서 우리 제품을 구매하여 자사몰에 회원 가입이 되지 않는 분들도 명백히 고객이다.

이 모든 고객에게 감사의 마음을 담은 서비스가 이루어져야 한다. 고객이 상품을 구입하면 어느 정도 시간이 흐른 후에 "우리 상품을 구입해줘서 감사합니다"라는 멘트와 함께 5천 원짜리 쿠폰을 발급해 줄 수 있다. 또한 고객에게 오늘은 특별한 날이라고 해서 이벤트로 쿠폰을 발급해줄 수도 있다.

특히, 자사몰 운영자들이 쉽게 간과하는 것이 장바구니에 상품을 담아놓기만 하고 구매를 안 한 회원들이다. 이들이 구매할 때까지 마냥 기다릴 게 아니라 먼저 다가가면 어떨까? 이들은 명백히 고객이다. 따라서 이 회원들에게 장바구니에 들어있는 상품을 구매해주면 특별히 할인 쿠폰을 주는 것이 바람직하다.

앨리스마샤 자사몰의 경우, 장바구니에 상품을 담아놓은 회원에게 쿠폰을 발급할 때 감사 인사의 멘트를 보낸다.

"앞으로 더 열심히 하겠습니다. 많은 소개 부탁드립니다."

이런 식으로 꼬리말을 반드시 추가한다. 그러면 이를 통해 고객은 마음이 움직여서 제품을 구매한다. 실제로 우리 회사 내부에 갖고 있는 통계 수치를 분석해본 결과가 그렇다.

얼마 전에 앨리스마샤 자사몰은 당첨자 30명의 이벤트를 진행했는데, 여기에 무려 2만여 명이 응모를 했다. 사실 이벤트는 30명을 뽑기 위해 진행된 것이 아니다. 응모를 한 2만여 명에게 '명분'을 갖고 쿠폰을 지급하기 위해서였다. 이는 뜬금없이 아무 회원에게나 무작위로 아무 때나 쿠폰을 지급하는 것과는 차원이 다르다.

우리는 이벤트에 응모한 2만여 명에게 문자를 보냈다.

"고객님, 이벤트에 지원해 주셔서 감사합니다. 이번에 응모한 모든 분에게 감사의 마음을 담아서 ****까지 사용 가능한 2만 원짜리 쿠폰을 드릴 테니 지금 할인하고 있는 **상품들을 한번 구매해 보세요. 앞으로 더 열심히 하겠습니다."

이 감사의 마음을 담은 멘트와 함께 쿠폰을 받으면, 고객들은 매우 만족스러워한다. 따라서 아무런 당위성이 없이 지급된 쿠폰과 다르게 이 쿠폰은 가치 있는 것으로 생각하므로 구매 행동으로 이어질 가능성이 높다. 앨리스마샤 자사몰에서는 고객에게 문자, 인스타그램 DM, 카카오톡 푸시 등 다양한 방법으로 감사 마음을 표시하고 있다.

이 과정에서 우리 자사몰의 많은 단골 고객들이 만들어지고 있다. 구매 가능성이 매우 높은 고객은 단골고객이기 때문에 앨리스마샤 자사몰은 충성스러운 단골고객을 확보하는 데 많은 노력을 하고 있다. 이 단골 고객이 쇼핑몰을 장기적으로 든든하게 떠받쳐주는 우군이다. 그런데 상당수 쇼핑몰에서는 신규 고객을 단골고객으로 만들려는 생각을 안 하는 경향이 있다.

대부분의 고객은 자기 취향의 브랜드가 하나로 정해지지 않았다. 이 브랜드를 구매했다가 저 브랜드를 구매했다가 하는 식이 많다. 이런 고객들을 단골고객으로 사로잡는 방법은 그들을 타깃으로 한 브랜딩이 먼저 되어야 하고, 이와 더불어 후속 조치로 감사 마음을 전해주는 것이다.

한 고객이 앨리스마샤 자사몰에 회원 가입하여 제품을 구매했는데 자신의 취향에 딱 맞는다고 생각한다고 하자. 그런데도 이 고객은 다른 쇼핑몰의 브랜드를 기웃거린다. 언제든 이 고객은 다른 브랜드로 갈아탈 가능성이 있다. 이때 앨리스마샤는 그 고객에게 후속 조치로 감사하다면서 소통을 이어간다. 그러면 다른 브랜드를 기웃거리던 고객은 마음을 굳힌다.

'내 취향과 맞는 앨리스마샤가 나에게 관심을 보여주는구나. 역시 앨리스마샤가 나에게 제일 잘 맞는 브랜드야.'

이를 계기로 고객은 앨리스마샤를 만족하는 단계에서 앨리스마샤에 '열광하는 팬'으로 나아가게 된다. 켄 브랜차드와 셀든 보울즈의 『열광하는 팬』에서는 고객을 열광하는 팬으로 만드는 비밀을 알려주고 있다. 첫 번째가 자신이 원하는 것이 무엇인지 결정하기이며, 두 번째가 고객이 무엇을 원하는지 알기이며, 세 번째가 하나를 더 전달하기이다. 앨리스마샤 자사몰은 이 세 가지를 실천하고 있다. 첫 번째 글로벌 패션 명품 브랜드의 비전을 세웠고, 두 번째 고객 타깃에 맞는 콘셉트로 브랜딩을 했으며, 세 번째 고객에게 감사 마음을 전달하고 있다. 마지막 감사 마음 전달하기가 대다수 쇼핑몰에서 간과하는 열광하는 팬을 만들기 위한 '하나를 더 전달하기'이다.

마음을 담아서 문자 메시지 한 통을 보내는 것이나, 포장 안의 상품에 포스트잇을 붙여서 감사 멘트를 적어 놓는 것과 함께 사탕을 붙여놓는 것이 결코 어려운 것이 아니다. 현실은 그렇지 않다. 100개의 쇼핑몰 가운데 10개 정도만 이렇게 하고 있다. 그래서 대부분이 실패의 길로 들어설 수밖에 없다.

고객을 열광하는 팬으로 만들면 판매 걱정이 전혀 안 된다. BTS는 열광하는 팬 집단 '아미'를 만들어 놓았기에 글로벌 대 스타 아이돌이 될 수 있었음을 기억하자. 지금까지 열광하는 팬으로 만드는 감사 마음의 서비스를 다 알려드렸다. 이대로 따라하기만 하면. 우리 브랜드에 충성하고 오로지 우리 브랜드만을 찾는 열광하는 팬이 만들어질 것이다.

자사몰과 입점몰,
두 마리 토끼 잡기

우리 제품은 앨리스마샤 자사몰과 여러 입점몰에서 절찬리 판매가 되고 있다. 자사몰은 자사몰대로의 장점을 가지면서 고객들에게 다가가고 있고, 입점몰(플랫폼)은 입점몰대로의 장점을 발휘하여 많은 판매고를 올리고 있다. 쇼핑몰 운영자들은 거의 다 자사몰과 함께 입점몰을 이용하고 있는데, 이 둘의 장점은 물론 단점을 잘 파악하여 현명하게 활용하는 것이 중요하다. 자사몰과 입점몰의 장단점을 알아보자.

자사몰

판매 회사의 브랜드 아이덴티티를 반영한 디자인과 콘텐츠를 제공하는데 브랜드의 고유한 이미지를 구축할 수 있다. 또한 고객에게 맞춤형 경험을 제공하는 것과 함께 방대한 고객 데이터를 보유할 수 있다. 이에 반해 운영과 유지 비용이 부담되고 시장 진입 장벽이 매우 높다.

입점몰

플랫폼 운영자가 입점한 모든 판매자를 관리하고 판매를 해주며, 판매자의 브랜드를 노출 홍보해준다. 초기에 적은 투자 비용으로도 시장 접근성이 좋아서 많은 고객들이 방문한다. 이에 반해 판매 회사는 판매액의 일정 비율을 수수료로 지불해야 하며 또한 상대평가가 이루어지기 때문에 경쟁이 매우 치열하다.

현재, 우리는 자사몰과 입점몰을 동시에 적절하게 이용하고 있다. 평상시에는 입점몰에 비중을 두다가 기획 이벤트를 잡을 때는 자사몰에 비중을 두어 고객들을 자사몰로 유도하고 있다. 입점몰은 알아서 광고를 해주면서 제품을 많이 팔아주지만 수수료가 적지 않다. 따라서 입점몰에 수수료를 지불하는 것보다 자사몰에서 광고를 하는 것이 낫다고 생각할 때가 있다. 매시기마다 앨리스마샤 자사몰에서는 기획 이벤트를 진행하고 있다.

2024년 3월 기준, 평상시 구매가 89,000원의 '앨리스마샤 에린 14칼라 셔링백'의 입점몰 지그재그의 가격과 자사몰의 가격을 비교해보자. 지그재그에서는 이 제품을 37% 할인하여 56,070원에 판매하고 있으며, 여기에다 추가로 마일리지를 지급하고 또 무료 배송을 한다. 이와 달리 자사몰에서는 이 제품을 일반회원 5% 세일(3% 적립), 특별회원 10% 세일(5% 적립)에 판매하고 있다.

입점몰 지그재그는 어떻게 해서 '앨리스마샤 에린 14칼라 셔링백'를 싸게 팔 수 있었을까? 플랫폼에서는 기본적으로 판매자의 입점 수수료를 받으니까 이 자금으로 각종 할인, 마일리지와 함께 쿠폰을 발행해서 고객들의 DB를 관리하고 있기 때문이다. 그런데 자사몰은 아무래도 브랜드 아이덴티티를 유지하는 공식적인 쇼핑몰이다 보니까 지속적으로 할인을 하지 못한다. 만약 자사몰에서도 계속 할인을 하면, 고객은 이 상품은 89,000원이 아닌 할인된 가격이 원가라는 느낌을 받게 돼버린다. 따라서 가치가 떨어지게 된다.

입점몰에서는 싸게 팔고 자사몰은 비싸게 판다면, 결국 자사몰의 효용가치가 사라지게 된다. 누가 가격을 비교해서 비싸게 제품을 파는 앨리스마샤 자사몰을 방문하겠는가? 따라서 앨리스마샤 자사몰은 전략을 강구했다. 평상시에는 입점몰을 활용하되, 기획 이벤트를 잡아서 자사몰을 활용하는 것이다.

입점몰과 자사몰의 기획 이벤트 날짜가 겹칠 때가 있다. 이때는 입점몰의 이벤트 마지막 날에 자사몰 이벤트를 시작한다. 그러면서 자사몰에서 할인율과 혜택을 조금 더 준다. 기획전을 위해 입점몰에서 많은 마케팅 비용을 쓰는 것에 따라 고객들이 많이 방문하게 되는데, 기획전 마지막 날까지 제품을 구매하지 않은 고객들은 앨리스마샤 자사몰로 몰리게 된다.

자사몰과 입점몰을 효과적으로 활용하는 3가지 전략이 있다. 첫째, 시너지 효과를 극대화하기다. 입점몰을 통해 확보한 많은 고객을 자사몰로 유입시켜 브랜드 인지도와 고객 경험을 개선할 수 있다. 이때 자사몰에서는 입점몰과 다른 특별한 혜택과 할인을 제공하여 고객들에게 차별화된 경험을 제공할 수 있다. 둘째, 고객 데이터를 활용하기다. 입점몰과 자사몰에서 수집된 방대한 고객 데이터를 토대로 고객 맞춤 마케팅과 상품 추천을 할 수 있다. 셋째, 멀티채널 전략을 구축하기다. 입점몰과 자사몰을 기반으로 다양한 온라인 채널을 활용하여 멀티 채널을 구축함으로써 매출 증대를 이룰수 있다.

자사몰의 온라인 광고
실패 안 하려면?

"대표님, 저희 쇼핑몰 이번 달에 1억 매출을 올렸어요. 플랫폼에 입점하지 않았는데도 대단하죠?"

한 인플루언서 여성 대표가 의류 브랜드를 론칭한 지 얼마 안 되어 기쁜 소식을 전해주었다.

"석 달밖에 안 되었는데 참 대단하네요."

그 대표의 자사몰을 접속해봤다. 이제 막 계절이 바뀌는데도 신상품이 별로 없었다. 그리고 상품을 찬찬히 살펴봐도 차별화된 콘셉트나 유니크한 디자인을 찾아볼 수 없었다. 대략 어떻게 해서 1억 매출을 달성했는지 추측할 수 있었다.

"마케팅 비용을 상당히 많이 썼겠네요."

"어떻게 아셨나요? 매달 천만 원 이상을 지출하고 있어요. 다들 이렇게 한다고 하더라구요. 안 하면 대책이 없어서요."

천만 원 비용을 쓴다고 해서 모두 1억 매출 달성이 보장되는 게 아니다. 그 대표는 상당히 마케팅의 효과를 본 것이다. 문제는 언제까지 지출한 만큼 매출이 많이 나올지, 그리고 언제까지 마케팅 비용을 지출해야 할지 아무도 모른다는 점이다. 따라서 자금이 많지 않은 그 신생 소규모 패션 쇼핑몰의 운명은 매우 불확실하게 여겨진다.

온라인 쇼핑몰을 하는 분들은 자사몰을 네이버, 인스타그램 등에 활발히 광고를 하고 있다. 실제로 광고를 하는 만큼 금방 매출이 따라온다. 쇼핑몰 업체는 효과적인 마케팅을 위해 광고 지출 비용 대비 얼마나 벌었냐를 나타내는 중요한 척도 '로아스(ROAS, Return On Ad Spend)'를 잘 알고 있어야 한다. 예를 들어, 내가 만약에 100만 원의 광고를 통해서 나온 매출이 300만 원이라고 하면 로아스 300%라고 말한다.

100만 원을 썼을 때 로아스가 300%이면, 천만 원을 쓰면 3,000만 원의 매출을 예상할 수 있다. 따라서 1억을 쓰면 매출이 3억이 나온다고 추측해볼 수 있다. 그러면 쇼핑몰 업체는 로아스가 높은 광고를 해주는 마케팅업체와 계약만 하면 성공이 보장되는 것일까? 실제로 온라인상의 수많은 마케팅업체는 로아스 높은 광고를 책임을 진다고 홍보를 하지만, 광고만 한다고 해서 결코 지속적인 매출 상승을 보장할 수 없다.

광고를 하기 시작하면서부터 매출이 올라가지만 로아스가 불규칙하다가 어느 순간 정체 구간이 나온다. 300% 로아스를 보장해주는 마케팅업체와 계약을 맺고 광고를 해도 계속해서 300% 로아스가 나오는 것이 아니라, 어떨 때는 150%가 나오고 또 어떨 때는 80%가 나오기도 한다. 그러다가 150~100% 혹은 80%대의 정체기에 들어서게 된다. 이때는 아무리 많은 자금을 쏟아부어도 좀처럼 매출이 올라가지는 않는다. 결과적으로 쇼핑몰 업체는 마케팅업체에 생사의 운명을 걸고 계속 돈을 쓰지만, 돈을 벌지 못하는 상황에 직면하게 된다. 그렇다고 당장 마케팅을 그만둘 수도 없는 것이 광고를 멈추는 순간 폐업의 위기가 닥쳐오기 때문이다. 따라서 자사몰을 마케팅하는 쇼핑몰 업체는 막대한 광고비 지출을 감당하지 못하게 된다.

과거 W컨셉, 무신사, 지그재그 등의 플랫폼이 생기기 전에 소셜커머스와 오픈마켓을 하던 시절에는 개인 쇼핑몰의 성향이 굉장히 강했다. 이때 쇼핑몰 업체는 기본적으로 매출의 10% 이상을 무조건 다 광고비로 쓰는 게 공식이었다. 한 달 매출이 10억이면 1억을, 한 달에 1억을 팔면 천만 원을 광고비로 쓰는 게 일반적이었다. 고정적으로 매달 광고비를 써서 네이버를 중심으로 여러 SNS에 광고를 해야 매출이 나왔다. 문제는 어느 시점에 가서 한계에 부딪힌다는 것이다. 그 이유는 더 광고를 태울 소재가 부재하기 때문이다.

기본적으로 광고는 신상품이 나왔다고 알리는 것이다. 그래서 신상품 출시 때 이벤트 기획을 하고 광고를 한다. 신상품이 나왔고 이벤트 한다는 것을 고객에게 알리는 행위가 광고이며, 고객이 사야 하게끔 만들어 주도록 노출하는 것이 광고다. 쇼핑몰 업체는 매출이 나오기 위해서 계속 광고를 태우는데 만약 신상품이 없다면 이는 곧 태울 소재가 없다는 의미다. 그런데도 매출 하락을 막기 위해 똑같은 소재로 광고를 하다 보니까 로아스가 떨어지게 된다.

과거에 쇼핑몰 업체들은 신상품은 못 나오는데 똑같은 소재로 광고를 하다 보니, 광고비 대비 수익률이 안 나오니까 점점 힘들어져 버리는 악순환을 겪었다.

지금은 플랫폼이 보편화되어서 브랜드 인지도를 가진 쇼핑몰 업체는 입점이 가능하다. 따라서 플랫폼을 잘 활용할 필요가 있다. 플랫폼은 계속해서 신규 브랜드가 입점하므로 소재가 떨어지지 않는다. 많은 브랜드를 갖고 있고 그 브랜드의 상품 수가 엄청나다. 그래서 할인과 기획전 등을 할 만한 소재가 떨어지지 않기에 계속 마케팅을 하고 있다.

따라서 신규 쇼핑몰 업체는 과도하리만치 마케팅업체에 의존하기보다는 입점몰을 잘 활용할 필요가 있다. 입점몰은 그 자체로 광고 업체라는 인식을 갖자. 준비가 안 된 상태에서 자사몰 마케팅에 막대한 비용을 투자하는 것은 자칫 위험할 수 있기 때문이다. 입점몰과 윈윈하는 것이 좋다.

사업 시작하는 분들은 보통 온라인 광고 업체를 찾는다. 하지만 마케팅업체가 매출을 보장하지 않는다. 그럼에도 몇 프로 로아스를 달성했다고 호언장담을 하면서 많은 비용을 지속적으로 쓰라고 요구한다. 어느 정도는 가시적인 효과가 나타난다. 하지만 최종적으로 마케팅 효율이 나지 않아서 망하게 되고 만다.

온라인 광고의 허와 실을 잊지 말자. 마케팅업체와 계약 하기 전에 광고 소재로 태울만한 상품을 준비하는 것이 중요하다. 또한 기획 이벤트 거리를 지속적으로 준비를 해두는 것이 중요하다. 그리고 입점몰을 광고업체로서 잘 활용하자. 그래야 그 광고를 접한 고객에게 사야 하는 이유가 만들어지기 때문에 매출이 증가하게 된다.

회사 대표는
온라인마케팅을 숙지해야

앨리스마샤를 론칭할 때 온라인마케팅을 너무 공부하고 싶었
다. 온라인상의 판매가 폭발적으로 증가했기 때문이다. 대부분의
고객이 네이버에서 검색한 후 가격 비교를 하여 제품을 구매하고
있었다. 아직 소규모로 사업을 하는 단계이다 보니, 따로 온라인마
케팅 담당자를 둘 여력이 되지 못했다. 그래서 내가 온라인 마케팅
을 공부해야 했다.

여러 권의 책을 사서 보기도 했고 또 마케팅 관련 카페에 가입
하여 온라인마케팅에 대해 차근차근 배워나갔다. 그런데 쉬운 건
쉬웠지만 어려운 것은 도무지 이해가 가지 않을 정도로 어려웠다.
이때 스마트 스토어와 쇼핑몰 창업자들이 많은 찾는 한 카페를 통

해 많은 공부를 할 수 있었다. 이곳에서는 추상적인 이론보다는 당장 현장에서 필요한 실무적인 내용들이 많이 다루어지고 있었기 때문에 많은 도움이 되었다.

그 카페에는 마케팅 QnA라는 카테고리가 있었는데, 여기에 한 사람이 마케팅의 실전 방법에 대해 상당히 유익한 정보를 계속해서 올리고 있었다. 이분이 올린 글만 계속 보고 있다 보니, 어느새 온라인마케팅의 기초를 다지게 된 것은 물론 앨리스마샤의 온라인마케팅 방향이 세워졌다. 그런데 앨리스마샤에 전문가가 있어야 온라인마케팅을 체계적으로 진행할 수 있겠다는 생각이 들었다. 카페에서 마케팅에 대한 글을 올리는 그분을 떠올렸고 쪽지를 보냈다.

물어볼 게 있습니다. 연락처를 알 수 있겠습니까?

그분이 연락처를 전달해줬고, 전화 통화를 했다. 내가 쇼핑몰 마케팅에 대한 의견을 피력한 후에 제안을 했다.

"내가 앨리스마샤라는 가방 브랜드를 론칭했습니다. 카페에 올리는 글을 잘 보고 있는데 우리 회사 마케팅을 해줬으면 좋겠어요."

그분이 선뜻 내 제안을 받아들일 줄 알았지만 그렇지 않았다.

"아직 대표님의 가방 브랜드는 저희가 하기에는 급이 너무 낮습니다. 좀더 성장시킨 다음에 오세요. 처음부터 저희랑 할 수 없습니다."

너무나 실망스러웠다. 하지만 아직 이름이 알려지지 않은 브랜드였기에 그분이 귀한 시간을 내준 것만으로 고맙게 여겨야 했다. 솔직히 자존심이 상하지 않았다면 거짓말이다. 그렇지만 나는 그런 것에 연연할 정도로 한가하지 않았고 매일 강행군을 해나갔다.

그 결과 2년 만에 우리 매장이 150여 개가 되었다. 이제는 마케팅한다는 사람이라면 누구나 앨리스마샤 브랜드를 기억할 것이라는 생각이 들었다. 다시 그분에게 전화를 걸었다.

"앨리스마샤 대표입니다. 앨리스마샤 마케팅을 맡기고 싶습니다."

금방 반응이 왔다.

"앨리스마샤라고요? 빨리 만나면 좋겠습니다."

전과는 천지차이의 반응이었다. 대접을 받는다는 생각에 기분이 좋아졌다. 나중에 우리가 만났을 때 전에 통화를 했었는데 기억하냐고 그분에게 묻자 처음에는 기억을 못했다. 조금 시간이 흐르자 그분이 전에 통화를 한 기억이 난다고 했다. 우리는 의기투합을 했고 대대적으로 온라인마케팅을 하기로 했다.

그분은 한 살 어렸는데 굉장히 센세이션하게 마케팅을 잘했다. 이분이랑 지속적으로 마케팅에 대해서 얘기를 하고, 또 동대문에 같이 다니다 보니까 나는 자연스럽게 마케팅 전문가의 수준에 오르게 되었다.

당시에는 블로그 포스팅을 많이 할 때였는데 그분이 앨리스마샤의 마케팅을 5년 정도 전담해서 관리를 했다. 많은 노출을 하는 것과 함께 매출을 가파르게 올리는 데 상당히 많은 도움이 되었다. 이분과 많은 시간 어울리면서, 나는 온라인 마케팅에 대한 지식을 마스터할 수 있었다. 이분은 사업이 커짐에 따라 우리 회사 마케팅을 대행하기가 힘들어졌다. 그래서 지금은 회사의 MD실장님이 마케팅을 전담하고 있다. 그렇다고 내가 마케팅에서 손을 놓은 것이 아니다. 온라인 마케팅 전략을 짜고 실행을 할 때 항상 MD실장님과 머리를 맞댄다.

회사 대표로서 마케팅에 대해 완전히 숙지하고 있으니까 여러모로 많은 도움이 되고 있다. 마케팅을 모르면, 당장 마케팅에 얼마의 비용이 생기는지 감을 잡을 수 없다. 그러면 마케팅회사에서 달라는 대로 주게 된다. 그리고 마케팅을 모르면, 마케팅 회사가 내놓은 광고 방안이 좋은지 그렇지 않은지 주체적으로 판단하지 못한다. 나에게는 이런 일이 생길 수 없다.

이와 더불어 나는 온라인 마케팅 공식을 철저히 이해하고 있기에, 뚜렷한 목표를 세우고 차근차근 마케팅을 진행할 수 있다. 이를 통해 잠재고객들에게 브랜드를 노출시켜서 구매 전환율을 높일 수 있다는 자신감이 있다. 고객이 검색으로 제품을 구매하는 시대에, 회사 대표가 온라인 마케팅에 대해 철저히 숙지해야 하는 것은 선택사항이 아니라 필수요건이다.

PART 8

곽창훈 대표의 운을
끌어당기는 습관 8가지

1. 재밌는 것에 대해 물어봐라

"뭐 재밌는 거 없나?"

"요즘 흥미로운 것 없습니까?"

내가 지인들에게 자주 하는 질문이다. 이것은 곽창훈을 알고 있는 사람이라면 모두가 인정하는 내 습관이다. 사람들을 만나자마자 이 질문을 던지는데, 지인들은 그런 내 습관을 알고 있기에 미리 재밌고 흥미로운 이야깃거리를 챙겨두기도 한다.

나는 이 질문으로 인생역전을 한 장본인이다. 과거 동대문에서 에바다 매장을 할 때, 지인 여자 디자이너가 나에게 마로 된 도트 원단으로 가방을 만들어보라고 했고 이를 따라 해서 대박을 터뜨린 적이 있다. 당시, 지인 여자 디자이너와 차를 마실 때 이런 질문을 했다.

"요즘 재밌는 것 없어?"

지인 여자 디자이너가 눈동자를 반짝이면서 말했다.

"재밌는 거 하나 말해줄까?"

"좋지."

여자 디자이너가 말했다.

"지금 동대문에서 이 원단 소재의 옷이 대박났어. 이걸로 가방을 만들 수 있는데 해봐."

그 말을 듣자마자 상당히 흥미로웠다. 아무도 하지 않는 것을 내가 시도한다는 것은 너무나 신나는 일이 될 듯싶었다. 그 결과, 마로 된 도트 원단으로 여행구를 만들어 대히트를 쳤다.

뭔가 재밌고 흥미로운 것에 대해 물어보고 나서 그것에 대해 이야기하다 보면 나에게는 무진장한 아이디어가 떠오르곤 한다. 재미없고, 흥미가 떨어지는 것은 이미 누구나 다 알고 있는 식상한 이야기다. 그런 이야기에서는 새로운 발상과 기획, 추진이 나오지 않는다. 혼자 하루 종일 사무실에 틀어박혀서 기발한 것을 연구하는 것에도 한계가 있다. 그러니 밖으로 나와서 사람들에게 물어보자. 기발한 발상으로 새로운 비즈니스를 하고자 한다면, 늘 주위

분에게 재밌는 것, 흥미로운 것이 있는지 물어보는 것이 좋다.

일론 머스크는 스페이스X를 세워서 우주 탐사에 나섰는데, 이는 그에게 어릴 때부터 우주에 대한 동경과 흥미가 있었기에 가능했다. 재미와 흥미가 선구적인 성취를 이루게 하는 씨앗이 된다.

2. 간절한 목표는
공표하라

"백화점에 납품하는 브랜드를 만들겠습니다."

"전국에 매장 150개를 만들어낼 거야."

"올해 매출액 70억을 돌파할 것입니다."

앨리스마샤가 빠르게 성장해갈 때 입버릇처럼 하던 말이다. 내 아내는 물론 지인과 거래처 사장님들과 직원들에게 이런 말을 자주 해왔다. 과거에 내가 이런 말을 할 때 나를 제정신이 아니라고 하는 분도 있었고 더러 응원을 해준 분도 있었다. 솔직히 말하면 대부분의 사람들은 그게 과연 가능하겠어라는 반응을 보였다.

그렇지만 나는 사람들 앞에서 간절히 이루고 싶은 목표를 호언 장담했다. 어떤 분들은 그런 사업의 목표는 대표 혼자만 알도록 조용히 지내는 게 좋지 않냐고 반문하기도 한다. 그 목표를 입밖에 내놓는 순간 가벼운 사람으로 치부될 우려가 있기 때문이다. 과연 그럴까?

'떠벌림 효과(profess effect)'라는 심리법칙이 있다. 이것은 자신이 달성하고자 하는 목표를 공개적으로 알림으로써 지원을 받아서 목표를 달성하도록 하는 효과를 말한다. 사람들에게 공개적으로 목표를 말하면 자신의 말에 대한 책임이 생기고, 실없는 사람이 되지 않기 위해 약속을 더 잘 지키게 된다는 것을 말한다.

나는 누군가와 대화를 할 때 한번 말로 내뱉어서 목표를 말하고 나면 사람들과의 약속을 지켜야 한다는 생각이 들었다. 약속을 못 지키면 큰일이라는 생각 때문에 긴장이 되기도 했다. 보통 사업을 하는 분들은 저마다 목표가 있는데 그 목표를 자기와의 약속으로 가슴에 품는다. 조용히 자기만 아는 목표는 실현 가능성이 희박하다. 이와 반대로 주위 분들에게 그 목표를 공표해버리고, 반드시 지켜야 하는 약속으로 만들어버려야 한다. 그러면 뇌가 그 목표를 이루도록 프로그래밍이 된다. 일하는 시간은 물론 잠자는 시간에도 잠재의식에서는 그 목표가 선명하게 그려진다.

간절한 목표는 사람들 보는 앞에서 말을 해버려서 무슨 일이 있어도 그것을 지켜야 하도록 만들자. 사람들 앞에서 내뱉은 간절한 목표는 책임감 있게 완수가 된다. 소프트뱅크의 손정의 회장은 어릴 때부터 사람들에게 말도 안 되는 허풍을 떨곤 했다. 그가 지하실에서 달랑 아르바이트 직원 2명의 소프트뱅크를 세웠을 때, 그는 나무 사과상자 위에 올라가 직원들 앞에서 호언장담을 했다. 소프트뱅크를 세계 최고 IT기업으로 만들고 매출액 조 단위의 기업으로 만들겠다고 했다. 2명의 아르바이트 직원 앞에서 내뱉은 그의 목표가 실현되었다. 소프트뱅크는 매출액 수십조 원의 글로벌 기업이 되었다.

3. 먼저 대가 없이 줘라

    사람들은 나를 대가 없는 주는 사람으로 평가한다. 일상의 친구 및 지인들과의 관계에서도 그렇고, 비즈니스를 할 때도 그렇다. 먹고 먹히는 비즈니스의 정글에서는 자칫 대가 없이 주는 것은 손해 보는 행동으로 비처질 수 있다. 그렇지만 내 경험상에서 볼 때 먼저 대가 없이 주는 것이 비즈니스를 하는 데 많은 도움이 되었다.

    모르는 분을 사업에서 만났을 때 늘 그렇듯이 내가 먼저 대가 없이 무언가를 퍼준다. 그러면 상대가 반응을 해온다. 진정성을 가지고 나와 함께 비즈니스를 할 마음이 있는 분은 나에게 무언가를 내민다. 그러면 서로 기브 앤 테이크(Give and Take)가 되고, 든든한 사업 파트너로서 관계가 형성이 된다. 이때 어떤 프로젝트를 진행하면 성과가 매우 좋다.

유명한 최** 패션 디자이너와 콜라보레이션을 진행할 때가 있었다. 내가 운영하는 이브이아이앤씨는 매출액이 많았고, 그 패션 디자이너는 네임벨류가 뛰어났다. 콜라보레이션으로 패션쇼를 할 때 나는 무료로 협찬을 해줬다. 그래서 그 패션 디자이너는 추가로 상품을 제작하는 비용을 절감할 수 있었다. 여기까지는 내가 대가 없이 준 것이다.

그 패션 디자이너가 화답을 해주었다. 내가 무료로 협찬한 가방을 자기네 비용으로 사진 찍고 촬영해서 나에게 무료로 공유해주었다. 더 나아가 내 가방이 많이 팔릴 수 있게 유명 유튜브 채널에 출연시켜주었고, 그 유튜버를 통해 가방이 많이 팔리게 도와주었다. 이로써 나와 그 디자이너는 서로 주는 것을 좋아해서 자연스럽게 발전적인 기브 앤 테이크 관계가 형성이 되었다. 사업적으로 서로 큰 도움이 된 것은 당연하다.

대가를 바라고 하는 건 아닌데 먼저 주니까 상대도 줬다. 이렇게 주고 받고가 되는 사업하는 분들이 내 주위에 제법 많다. 내가 먼저 대가 없이 줌으로써 돈독한 기브 앤 테이크 관계가 만들어졌다. 사업이 앞으로 계속 나아갈 수 있도록 지원을 해주는 우군을 만들려면, 먼저 대가 없이 줘라.

세계적인 경영대학원 와튼스쿨의 역대 최연소 종신교수에 임명된 조직심리학자 애덤 그랜트는 성공의 한 요소를 '타인과의 상호작용'으로 규정한다. 그러면서 주는 것보다 더 많은 이익을 챙기려는 사람(taker)이나, 받는 만큼 주는 사람(matcher)보다 자신의 이익보다 다른 사람을 먼저 생각하는 사람(giver)이 더 성공할 가능성이 높다고 주장하고 있다. 애덤 그랜트는 말했다.

"어떤 직업군에서든 기버(giver)가 꼴찌가 될 가능성뿐만 아니라 최고가 될 가능성도 가장 크다."

4. 긍정 마인드를 가져라

동대문에서 매장을 할 때, 제일평화시장에 창고가 있었다. 하루는 퇴근 후에 집에 있었는데 동대문 매장을 관리하는 직원에게서 전화가 왔다. 뉴스를 보라면서 창고에 불이 났다고 했다. 급하게 주말에 인천에서 택시를 타고 그곳으로 갔다. 눈앞에서 창고가 활활 불타오르고 있었다.

창고에는 2억 원어치의 물건이 있었다. 속으로 2억 원이 날아갔구나 생각했다. 옆에 있는 직원의 어깨를 툭 쳤다.

"소주 마시러 가자."

어차피 마냥 불타는 창고를 바라본다고 해결되는 일이 없었다. 툴툴 털어내 버리기로 했다.

당장 큰 문제는 손님에게 빨리 물건을 만들어서 줘야 하는 것이었다. 상당히 많은 물건에 대한 선금을 받았었다. 그래서 한 번에 많은 물건을 생산할 수 없으니까 순서를 정하고 손님에게 일일이 양해를 구해야 했다. 이렇게 3~4개월 정도 다시 물건을 만들어서 판매하여 자금이 들어오자 손실금이 어느 정도 메꿔졌다. 그러는 동안 화재 일을 금방 잊어버렸다.

피해보상을 받을 수 있는지 알아봤다. 서울시에서는 보상이 안된다고 했고, 정부에서는 피해 보상 규모를 적어서 제출하자 대출을 해줬다. 막상 저금리의 대출을 받았지만 1년 거치 3개월에 한 번씩 원금 상환이라서 너무나 부담이 되었다. 갑자기 삼 개월마다 돈이 900만 원씩 쭉쭉 나가버렸다.

보통 사람들 같으면 창고 화재는 쉽게 잊히지 않을 것이다. 일이 손에 잘 잡히지 않으며, 꿈에도 나타나기도 할 것이다. 그러다가 엄청 스트레스가 생겨서 술만 엄청 마셔대다가 화재 수습을 제대로 못할 수 있다. 자칫 멘탈이 무너짐에 따라 매장 문을 닫을 수 있다.

그런데 나는 다른 사람들과 종자가 달랐다. 계속 그것에 연연한다고 해서 바뀌는 일이 없다는 것이 내 생각이었다. 화재보다는 화재 뒤처리가 내게는 더 중요한 일이었다. 그래서 바짝 정신 차리고 물건을 다시 만들어서 손님에게 공급을 해줬고, 또 시장에서 물건을 판매했다. 돌이켜보면, 나는 그때 상당히 열심히 일을 했다고 본다. 고객과의 신뢰를 지켜야 했기 때문이다.

사람은 안 좋은 상황을 겪으면 부정적인 마인드를 갖게 된다. 부정적 사고가 문제를 해결해주는 것도 아닌데 그것에 갇혀있어야 할 이유가 없다. 상황이 안 좋을수록 긍정적인 마인드를 갖고 대처하는 것이 필요하다. 사업을 하다 보면 숱하게 실패 경험을 하게 된다. 이때 긍정적인 마인드가 실마리를 조금씩이나 풀어나가게 만든다. 긍정 마인드를 가지려, 근력을 키우기처럼 긍정 사고를 갖는 근력 운동을 꾸준히 하는 것이 좋다. 긍정 마인드의 근력을 키우기 위한 3가지를 꾸준히 실천해 보자.

1. 현재 상황에 만족하고 즐기기

나는 재밌게 즐기면서 사업을 해왔다. 지겹거나 고통스럽게 사업을 하지 않았다. 만족하고 즐기는 자세를 가졌기에 더 좋은 성과를 냈다.

2. 긍정적인 말 버릇하기

나는 "잘 된다", "성공한다". "목표를 이룰 거야"라는 말을 자주 해왔다. 이 말이 씨앗이 되어 긍정적인 결과를 만들어냈다.

3. 목표 설정과 작은 성공을 쌓아가기

명품 패션 글로벌 기업을 만드는 것이 내 목표다. 그 목표를 위해 작은 성공들을 차곡차곡 쌓아가면서 성취감과 보람을 만끽하고 있다. 작은 성취들이 모여서 언젠가 내 목표가 이루어진다고 확신한다.

5. 새로운 것을
도전하라

이브이아이앤씨는 2016년부터 해외 영업팀을 꾸려서 아시아 국가를 중심으로 수출을 추진해왔다. 하지만 현실의 벽은 너무나 높았다. 2017년 글로벌 패션잡화 전문 전시회 '홍콩 APLF(아시아태평양피혁전시회) 패션액세스'에서 대상을 받았을 때는 당장 전 세계적으로 많은 제품이 날개 돋친 듯 팔려나갈 줄 알았다. 그것은 희망에 불과했으며, 단 한 건도 수출되지 못했었다.

시간이 흘러 국내에서 매장 150여 개를 확장했는데 할 만큼 했다는 생각이 들어서 다시금 외국 시장에 진출하고 싶었다. 외국 시장은 국내 시장과는 완전 다른 새로운 시장이었기 때문에 그만큼 불확실성이 도사리고 있었다. 그렇지만 나는 새로운 것을 시도하는 일을 즐기는 스타일이었다. 하지만 코로나의 암흑기가 닥쳐왔다. 대면 거래가 최소화되는 상황이다 보니 외국 바이어와의 상담이 크게 줄어들 수밖에 없었다.

그렇지만 끊임없이 외국 수출을 타진해왔다. 2023년이 되자 일본 시부야 109 쇼핑몰 전시회, 태국 시암쇼핑몰 팝업 전시회 등에 참가했고, 또 올해 2024년에 참가한 '홍콩패션액세스'에서 대상을 수상하는 영예를 얻었다. 이에 따라 여러 나라 바이어들이 수출 의뢰를 해오고 있다.

이 와중에 일본의 패션 대기업에서도 우리 제품을 팔아달라고 제의를 해왔다. 이제 과거에 불가능하게 여겨졌던 수출이 점차 가시화되고 있다. 더 많은 나라에 우리 제품이 대량 수출이 될 것이라 보고 있다.

본래 나는 새로운 것을 도전하는 데에서 큰 성취감을 느낀다. 그래서 끊임없이 신상품을 개발하고 생산하는 것이 나에게는 일상화되었다. 그 결과 국내에서는 상당한 성과를 거두었다. 이제 나에게는 외국 시장이 새로운 도전 목표가 되었고 그것을 이루기 위해 매일 분투하는 나날을 보내고 있다. 최근 들어 나는 많은 시간을 외국 출장하면서 보내고 있다. 이 과정에서 과거와 달리 외국 바이어들이 무척이나 관심을 갖고 우리 제품을 대하는 것을 피부로 느낄 수 있었다. 세부적으로 수출 의뢰와 상담을 해오는 바이들이 상당히 많다. 따라서 앨리스마샤가 글로벌 패션 브랜드가 되는 것은 결코 과장이 아니며, 언젠가 실현될 날이 다가오리라 본다.

새로운 것을 시도하는 일은 어쩌면 두려운 일일 수 있으므로 많은 사업가들이 꺼리기도 한다. 하지만 명심하자. 새로운 시장은 새로운 것을 시도할 때 창출된다는 것을. 애플이 세상에 없는 전혀 새로운 아이폰을 내놓자, 전 세계적으로 막대한 스마트폰의 시장이 창출되었다. 새로운 제품을 만들고, 새로운 외국 시장을 개척하는 것에 도전하자.

6. 모든 사람에게서
  배워라

    나는 늘 배움을 갈구하고 있다. 배움이라고 하면 책상에 앉아서 책을 보는 것을 연상하는데 나의 경우는 좀 다르다. 나는 책을 통한 배움보다는 사람을 통한 배움을 중요시한다. 사업을 해오면서 패션, 경영, 마케팅 책을 구입해서 탐독을 해오기도 했지만 사업을 하는 데 가장 유익한 배움은 사람을 통한 것이었다.

    아무리 많은 공부를 했다고 해도 사업가 자신의 판단과 처세가 잘못되면 일시에 사업이 망할 수 있다. 이와 반면에 공부를 조금 덜 했지만 명민한 판단과 처세를 하는 사업가들은 실패하지 않고 사업을 이어갈 수 있다. 이런 부류의 사업가로 떠오르는 분이 현대 그룹의 정주영 회장이다. 정주영 회장은 초등학교밖에 안 나왔지만 외국의 명문대학을 나온 사업가 이상으로 엄청난 사업의 업적을 남겨놓았다. 그는 책에서 배울 수 있는 것 이상을 삶과 사람에게서 터득했다.

사업가들은 현실의 삶에서 다양한 사람을 통해서 배워야 한다. 그렇다고 전문가나 유명한 인물만 만나서 배우는 것을 말하는 게 아니다. 일상이나 사업에서 만나는 모든 사람을 통해 배워야 한다고 본다. 배움을 얻어야 하는 사람들 중에는 전문가나 유명인사도 있겠지만 평범한 사람들도 많다.

나는 풀리지 않은 고민거리가 있을 때 사람들과 만나서 진심으로 대화를 하는 도중에 해법을 찾는 일이 많다. 특히, 생산공장 사장님들이 연륜이 있기에 나에게 많은 조언을 해주었다. 그 생산공장 사장님들은 대부분 많이 배운 분들이 아니지만 한 분야에 오랜 세월을 집중해왔으므로 패션 사업가에게 상당한 도움이 되는 혜안을 갖고 있다. 이외에도 거래처 사장님이나 이브이아이앤씨의 임직원과 직원들 그리고 나와 개인적인 친분을 갖고 있는 지인과 친구들이 모두 나에게 가르침을 주고 있다. **다양한 분야의 여러 성향의 사람들에게 얻을 수 있는 배움 3가지는 다음과 같다.**

다양한 관점 및 경험: 다양한 사람들과의 만남을 통해 다양한 관점과 경험을 얻을 수 있다. 각자의 배경과 경험은 다양한 시각과 아이디어를 제공해줄 수 있다.

비즈니스 전문지식: 비슷한 업종이나 분야에서 경험을 가진 사람들과의 만남을 통해 비즈니스에 관련된 전문지식을 습득할 수 있다. 이를 통해 현업에서의 문제 해결 방법이나 새로운 아이디어를 얻을 수 있다.

사업의 동기부여: 성공한 사업가나 업적 있는 사람들을 만나면 자신의 목표를 더 높이 세우고 동기부여를 얻을 수 있다. 그들의 이야기와 경험은 자신의 열정을 불러일으키고 새로운 아이디어를 발전시킬 수 있다.

7. 거리에서 트렌드를 포착하라

좀 건방져 보일 수도 있는데 3~4년 전에는 내가 트렌드를 만든 다고 생각했다. 한국에 없는 원단으로 예쁘게 가방을 만들어서 앨리스마샤 브랜드로 유통을 하고 또 대기업에 OEM으로 납품을 하면, 얼마 지나지 않아서 다른 업체에서 그 원단으로 만든 가방을 많이 출시했다. 거의 대부분의 가방이 다 그렇게 만들어져서 소비자에게 팔려나갔다.

이와 더불어 내가 수많은 신상품의 디자인을 예쁘게 만들었는데, 그러면 국내에서 카피 제품이 많이 나왔고 또 중국에서 그 디자인의 제품이 유행되기도 했다. 그 결과로 나는 한국에서 가방 디자인을 제일 많이 한 남자가 되었다. 2010년도부터 지금까지 내가

14년 동안 하루에 한 개씩 샘플을 쉬지 않고 만들었다는 말이 과장이 아니다. 전문 디자이너가 아닌 나는 '모방은 창조의 어머니'라는 말을 잘 따랐는데, 기존 거를 조합하면서 새로운 디자인을 수천 가지를 만들어냈다.

나는 트렌드 분석을 위해 거창하게 외국에 출장을 가거나 특별 이벤트에 참가하지는 않는다. 평소에 사람을 만나러 자주 가거나 사업차 자주 왕래하는 거리에서 트렌드를 민감하게 포착하고 있다. 가령 동대문에 들렀는데 한 매장의 직원들이 특정 디자인의 가방을 들고 다니는 것을 보면, 그게 유행이 될 것이라고 보고 그 디자인의 가방을 만들어낸다.

홍대, 성수동, 한남동에 갈 때도 유심하게 사람들을 본다. 타깃이 되는 사람들의 패션을 관찰하다 보면 어떤 디자인이 유행이 될지 눈에 선하게 보인다. 그래서 나에게는 직업병 같은 게 생겼다. 밖에 나와서 지하철을 타거나, 거리를 걸을 때면 사람들의 가방만 보인다. 내가 만들었냐, 어느 브랜드냐를 분석하는 게 습관이 되었다. 이를 통해 나는 거리를 다니면서 트렌드를 정확히 잡아내고 있다.

8. 쓴소리하는 직원을
곁에 두라

이브이아이앤씨의 본부장은 나에게 쓴소리를 많이 한다. 본부장이라면 나에게 충성심을 보이면서 듣기 좋은 소리를 많이 해야할 판인데 어떻게 해서 쓴소리를 하는 걸까? 본부장은 동대문에서 알고 지내던 동생인데 나에게는 너무나 고마운 분이다. 본부장은 우리 회사에 입사하기 전에 다른 매장 여러 군데서 일을 했다. 근데 본부장에게 상황이 굉장히 잘 안 풀렸다. 매장 사장이 어느 정도 돈을 버니까 매장을 방치해 놓고 도박하러 다니고 술 먹으러 다녔다. 그러고서 사장은 본부장에게 운영 권한을 맡겨버린 채 관리를 안 했다. 그래서 본부장은 뭘 할지 모르고 허송세월을 보내고 있었고 사람들도 안 만났다.

그런 본부장에게 내가 호출을 했다.

"그 매장에 연연하지 말고 나랑 함께 손을 잡자. 내가 가방 만들고 판매하는 과정을 옆에서 잘 배워라."

이를 계기로 지금까지 나와 함께 해온 가장 믿는 파트너이자 동생이 본부장이다.

나는 격의 없이 사람을 만나고 사귀는 것을 좋아한다. 사람을 만날 때 이해득실을 따지는 것을 싫어한다. 먼저 조건 없이 퍼주는 것을 좋아하기에 많은 사람들이 주위에 몰려들고 있다. 이 가운데는 불순한 의도를 갖고 접근한 사람도 있다. 이런 사람들은 소위 사기꾼이다.

나는 사업하느라 바쁜 이유도 있어서 한 사람 한 사람을 면밀하게 살펴볼 여유가 없다. 이런 나의 한계를 보완해주는 것이 본부장이다.

"사장님, 어제께 만났던 사업가는 좀 지켜보는 게 좋을 것 같습니다. 허풍이 너무 심한데 그 사람을 잘 아는 사람을 수소문해서 잘 알아야 봐야 하겠습니다. 사장님은 너무 사람을 쉽게 믿는 것이 문제입니다."

"사기를 당했던 적을 잊지 마세요. 돌다리도 두드려서 건너야 합니다. 사장님, 또 사기당할 수 있으니 제발 신중함을 지키세요."

이렇듯 쓴소리를 마다하지 않는 것이 본부장이다. 이런 본부장을 곁에 두고 있으니까 사업하는 나로서는 매우 든든하다. 사업의 안전판 역할을 본부장이 해내고 있다. 내가 미처 살펴보지 못한 점을 본부장이 캐치하여 짚어주는 일이 많다. 사업이 잘 될 때 대표는 자신의 능력에 도취될 수 있는데 그러면 잘못 판단을 하는 일이 생길 수 있다. 이를 방지하고 사업을 꾸준히 성장시키려면, 대표는 곁에 쓴소리를 마다하지 않는 직원(임원)을 둬야 한다.

헤세의서재

헤세의서재 블로그 https://blog.naver.com/sulguk

기업인, 의사, 컨설턴트, 강사, 프리랜서, 자영업자의 출판 기획안, 출판 아이디어, 원고를 보내주시면 잘 검토해드리겠습니다. 좋은 콘텐츠를 갖고 있지만 원고가 없는 분에게는 책쓰기 코칭 전문 <1등의책쓰기연구소>에서 책쓰기 프로그램에 따라 코칭을 해드리고, 책 출판해드립니다. 자기계발, 경제경영, 병원경영, 재테크, 대화법, 문학, 예술 등 다양한 분야의 책을 출판합니다.

동대문 클래스

초판 1쇄 발행 2024년 8월 3일

지은이 곽창훈
펴낸이 고송석
발행처 헤세의서재
주소 서울시 서대문구 북가좌2동 328-1 502호(본사)
　　　 서울시 마포구 양화로 64 서교제일빌딩 824호(기획편집부)
전화 0507-1487-4142
이메일 sulguk@naver.com
등록 제2020- 000085호(2019년 4월 4일)
ISBN 979-11-93659-03-8(13320)